더불어 함께할 **따뜻한 힘**

다리를 놓는 사람

더불어 함께할 **따뜻한 힘**

다리를
놓는 **사람**

초판 1쇄 발행 2026년 1월 28일

지은이	최경자
펴낸곳	도서출판 샘
편집디자인	도서출판 샘
주소	서울시 중구 을지로 114-10
전화	02) 2275-5841
팩스	02) 2275-8611

값 20,000원

ISBN 978-89-87130-49-1

※ 추천사에 언급된 '의원님'이란 호칭은 최경자님의 과거 활동에 대한 존경과 예우를 담은
   관례적인 표현임을 밝힙니다.

더불어 함께할 **따뜻한** 힘

다리를
놓는 **사람**

추천사 1
사람을 살리는 정치, 현장을 잇는 다리

청소년 사역 현장에서 오랜 시간을 보내며 저는 늘 같은 질문 앞에 서게 됩니다.

"이 아이의 삶을 바꾸는 힘은 어디에서 오는가?"
제도인가, 정책인가, 아니면 한 사람의 진심인가.

최경자 의원의 저서 『다리를 놓는 사람』을 읽으며 저는 그 질문에 대한 하나의 분명한 대답을 발견했습니다. 이 책은 정치의 언어로 포장된 기록이 아니라, 사람의 삶 한가운데에서 길을 내고 다리를 놓아 온 한 사람의 현장 보고서입니다.

청소년과 가정, 지역사회 사이에서 수많은 단절을 마주해 온 저의 경험에 비추어 볼 때, 이 책이 말하는 '정치'는 결코 거창하지 않습니다. 아이의 통학로를 걱정하는 마음에서 시작되고, 한 부모의 눈물을 외면하지 않는 태도에서 자라나며, 행정과 현장 사이의 틈을 메우는 책임으로 완성됩니다.

다리를 놓는 사람 – 더불어 함께할 따뜻한 힘

저자가 반복해서 강조하는 "작은 문제를 해결하는 정치가 가장 빠른 정치"라는 문장은, 복지와 교육 현장에서 일하는 이들에게 깊은 공감을 안겨줍니다. 특히 인상 깊었던 것은 이 책 전반에 흐르는 '사람 중심의 구조 인식'입니다. 저자는 개인의 고통을 개인의 문제로 환원하지 않습니다.

대신 그 고통을 만들어낸 구조를 묻고, 시스템을 다시 설계하려는 용기를 보여줍니다. 이는 가정밖 청소년사역과 사회복지 현장에서 우리가 늘 부딪히는 질문과 정확히 맞닿아 있습니다. 한 아이의 위기는 언제나 가정, 학교, 지역, 제도의 문제와 연결되어 있기 때문입니다.

또한, 저자는 교육과 정서를 정치의 중심에 놓습니다. 정서 안전, 경청, 돌봄, 그리고 미래 교육에 대한 고민은 단순한 정책 나열이 아니라 아이들의 삶을 실제로 지켜본 사람만이 할 수 있는 이야기입니다. 저는 이 대목에서 정치와 교육, 복지가 분리될 수 없다는 사실을 다시 한 번 확인했습니다.

『다리를 놓는 사람』은 정치인을 위한 책이기 이전에, 사람을 살리는 일을 업으로 삼은 모든 이들을 위한 책입니다. 현장에서 일하는 활동가, 교사, 상담가, 목회자, 그리고 지역을 걱정하는 시민들에게 이 책은 분명한 방향을 제시합니다.

정치는 멀리 있지 않으며, 사람 곁에 있을 때 비로소 힘을 갖는다는 사실을 이 책은 조용하지만 단단하게 증언합니다.

사람과 사람 사이, 현장과 제도 사이, 오늘과 내일 사이에 다리를 놓아 온 한 사람의 여정을 기꺼이 추천합니다. 이 책을 통해 더 많은 이들이 '사람에서 다시 시작하는 정치'의 가능성을 발견하게 되기를 기대합니다.

2026. 1. 1.

박현동 대표

청소년 사역자
사회복지현장 활동가 십대지기

추천사 2
'사람'과 '구조'의 조화다

이 책은 정치라는 것은 멀리 여의도에만 있는 것이 아니라, 우리 아이의 등굣길에, 늦은 밤 꺼지지 않는 학교 상담실에, 그리고 이웃의 한숨 속에 있다는 것을 증명해 낸 책이다. 최경자 전 도의원의 저서 『다리를 놓는 사람』은 정치적 담론이나 권력의 기록이 아니다. 대신 이 책은 평범한 이웃이자 엄마였던 저자가 어떻게 '정치'라는 도구를 통해 사람의 눈물을 닦아주고, 나아가 거대한 공동체를 변화시켰는지 보여주는 치열한 현장의 보고서이다.

책의 서두에서 저자는 자신을 "정치인이 아닌 엄마들의 대변자"로 정의하며 정치를 시작했던 순간을 회고한다. 아이의 배에 닿는 책상 모서리의 위험함, 통학로의 불안함 등 생활 속 작은 문제들을 해결하며 저자는 "작은 문제를 해결하는 정치가 가장 빠른 정치"라는 확신을 얻는다. 책상 머리가 아닌 현장에서 답을 찾겠다는 그녀의 다짐은, 의정부 시의원을 거쳐 경기도의원에 이르는 16여 년의 시간 동안 단 한 번도 흔들리지 않는 나침반이 되었다.

이 책을 관통하는 핵심 주제는 '사람'과 '구조'의 조화다.

저자는 1부와 2부를 통해 현장에서 사람들의 어려움을 듣는 '공감의 정치'를 이야기한다.

"행정은 규정을 말하지만, 아이들은 아픔을 말한다"는 문장은 행정 편의주의에 젖어 있는 우리 사회에 던지는 묵직한 메시지다. 그러나 저자는 감성에만 머무르지 않는다. 3부와 4부로 넘어가며 저자는 개인의 고통이 결국 시스템의 부재에서 온다는 것을 간파하고, '구조를 움직이는 정치'로 나아간다. 경기 북부의 열악한 교육 환경, 교외선 재개통 문제, 돌봄 등을 다루며 저자는 단순한 민원 해결사가 아닌 전문적인 정책 설계자로서의 면모를 유감없이 보여준다.

특히 인상 깊은 대목은 교육과 정서에 대한 저자의 남다른 깊이이다.

'폰-프리 운동', '정서 안전 3종 세트', '전문상담교사 배치 확대' 등의 정책은 기술 발전 속에서 소외된 아이들의 '마음'을 가장 먼저 들여다본 결과다.

"폭력보다 외로움을 먼저 봐야 한다"는 상담 교사의 말을 정책으로 구현해 내는 과정은, 정치와 교육이 어떻게 '사람을 살리는 기술'이 될 수 있는지를 생생하게 보여준다.

저자이신 최경자 의원은 정치를 '다리를 놓는 일'이라고 정의한

다리를 놓는 사람 – 더불어 함께할 따뜻한 힘

다. 갈등과 반대, 행정과 현장, 경기도 남부와 북부 사이에서 끊임없이 소통하며 길을 만들어온 저자의 여정은 '협치'의 진정한 의미를 다시금 생각하게 한다. 자신의 옳음을 주장하기보다 반대하는 사람을 먼저 찾아가고, 이해관계를 넘어 '가장 아픈 사람'을 기준으로 삼는 그녀의 원칙은 불신과 혐오가 만연한 현대 정치에 시사하는 바가 크다.

책의 마지막, '책임, 신뢰, 실행'이라는 세 단어로 요약되는 그녀의 정치 철학은 울림이 크다. 화려한 말 잔치보다 투박하더라도 끝까지 책임을 지는 태도, 그것이 바로 우리가 기다려온 진짜 어른, 진짜 정치인, 교육자의 모습일 것이다.

『다리를 놓는 사람』은 정치 지망생에게는 훌륭한 교과서이자, 일반 시민에게는 우리 삶을 바꾸는 정치가 무엇인지 깨닫게 해주는 따뜻하고도 단단한 지침서다. 차가운 제도의 언어를 사람의 온기로 번역해 낸 이 책을 세상의 변화를 꿈꾸는 모든 이들에게 일독을 권한다.

2025. 11. 28.

남명선생

프롤로그
끊임없이 현장과 소통하라

우리 아이들이 건강하게 성장할 수 있는 환경을 만들어 보고 싶었습니다.

직능단체인 어린이집 연합회장으로 활동 중, 비례대표 시의원으로 정치에 입문했습니다

정치의 여정에서 울고 웃으며 함께해 주신 지역민들께 고개 숙여 감사의 인사를 드립니다. 아낌없는 응원과 따뜻한 격려가 큰 힘이 되어주셨습니다.

제가 보답하는 길은 말이 아닌 행동으로, 약속이 아닌 실천으로 지역과 주민을 섬기는 일이라 믿으며 여성정치인 안식년을 보내는 요즈음 마을을 여유있게 돌아보며 꾸준한 소통을 하고 있습니다.

정치에 첫발을 내디뎠던 시절, 시민과 행정의 가교 역할을 강조하시고 끊임없이 현장과 소통하라고 조언해주신 분이 계십니다.

문희상 의장님께 특별한 감사를 드립니다. 그 말씀 여전히 가슴 속에 담고 있습니다.

　신광교회 당회장 안봉웅 목사님, 최성용 담임 목사님, 기도로 굳건히 세워주셔서 고맙습니다.

　직능단체 품격을 지키며 함께 걸어가는 송은희 회장님과 회원들께 감사드립니다.

　교육 현장에서 만났던 학생, 학부모, 선생님들께 고마움을 전합니다. 특히 민원현장에서 마주한 공무원분들께도 고마움을 전합니다.

　이 책은 정치 행정의 다리를 놓는 과정에서 함께 해주신 시민과 교육 생태계에 다리를 놓으며 여러분과 소통했던 소중한 기록이기도 합니다.

　제가 여성 정치인으로 거듭나게 따뜻한 사람으로 때론 예리한 시민의 시선으로 외조해 주며 곁을 지켜준 사랑하는 남편 짝지님과 든든한 조력자로 함께 해준 아들, 그리고 늘 사랑과 응원을 보내준 가족들에게도 깊은 감사의 마음을 전합니다.

2026. 1. 1.

다리를 놓는 사람, 최경자

더불어 함께할 **따뜻한 힘**

다리를 놓는 사람 Contents

1부 삶의 뿌리
– 관계 속에서 배웠다

2부 현장에서 배운 정치
– 현장의 마음을 읽다

3부 정치의 문 앞에서
– 책임이 내 마음을 두드렸다

4부 경기도에서 배운 정치
– 구조를 움직이는 힘

5부 길에서 세상을 보다
– 정치는 실행이다

6부 정서를 읽는 정치
– 경기교육의 전환

7부 나는 다리를 놓는 사람
– 다리를 놓는 정치

8부 미래를 여는 경기교육
- 공학, 창의, 포용, 실용의 경기형 혁신모델

9부 나의 정치철학
- 책임, 신뢰, 실행

10부 다시, 정치를 하려는 이유

에필로그 / 길은 끝나지 않았다　　　　　　　　

부록 1 / 현장에서 바라본 최경자

부록 2

내가 가야할 길을 알게 되다

1

삶의 뿌리

– 관계 속에서 배우다

01

나는 세 번 태어났다

여자는 두 번 태어난다는 말이 있다.

세상에 나올 때는 여자로 태어났고 결혼해서 아기를 낳으면 어머니로 다시 태어난다는 뜻이다. 아들을 출산하고 엄마가 된 이후의 시간을 떠올리면 고개가 끄덕거려진다.

엄마가 되고 나서 내 인생은 많은 변화가 있었다.

따지고 보면, 정치에 뛰어들어 의정활동을 하게 된 것도 모성의 힘에서 비롯되었다. 하나뿐인 아들을 잘 키우고 싶었던 마음은 우리 미래인 아이들에 대한 관심으로 이어졌다. 양육은 한 가정만의 문제가 아니라 마을 전체의 문제라고 보았다.

아이를 키우면서 시간을 쪼개 서울 YWCA에서 진행하는 보육과정을 듣고 사회 복지 행정학 공부를 시작했다. 이후, 1988년 의정부의 13평 아파트에 처음 놀이방을 열고 공동 육아를 시작했다.

91년 영유아 보육법 제정에 힘을 보태며 의정부 지역 180여 개 어린이집을 모아 의정부시 어린이집 연합회를 만들었다. 의정부의 척박한 보육 환경 개선을 위해서는 함께 고민하는 사람들이 많을수록 좋다고 생각했기 때문이다.

그러던 중, 2006년 정치권에서 러브콜을 보내왔다. 우연히, 여당과 야당으로부터 동시에 비례대표직 제안을 받았다. 정치인의 길을 가도 될지 짝지님과 아들의 의견을 듣고 싶어 가족회의를 했다. 짝지님은 나를 걱정하는 마음에 49% 찬성했지만 고등학생이었던 아들은 엄마의 역경 지수가 높으니 잘할 거라고 100% 지지를 해주었다.

친정엄마와 시어머니께서도 흔쾌히 동의하시며 아내의 역할, 엄마의 역할을 잊지 말라고 충고하셨다. 연합회 임원들과 최종 협의 후, 문희상 의장님과 면접이 이루어졌다.

故노무현 대통령께서 "아이는 국가가 책임지겠다" 라는 말씀에 고무되어 노 대통령의 정당인 열린우리당을 선택한 것이다. 이후, 3선 의정부 시의원을 거쳐 경기도 의회에 들어가 '아이들을 잘 키울 수 있는 사회'를 만들겠다는 당찬 포부를 가지고 제1 교육위원회에서 활동했다.

16년 동안 의정활동 기간은 힘들었지만 행복했다. 현장에서 알게 된 문제점들을 해결하기 위해 며칠 동안 고민하곤 했지만 산고 끝에 상정한 조례안이 통과되어 시행되던 현장을 보았을 때는 가슴이 뿌듯했다. 내 힘으로 우리 지역사회의 문제가 해결되는 걸 보고 다시 태어난 기분이었다. 내가 정치를 하고 있다니. 믿기지 않았지만 현실이었다.

지역사회의 여성 정치인으로 새롭게 태어난 세 번째 삶.

당시, 사용했던 핸드폰의 메모장과 노트를 열어보면 열정 에너지가 가득하다. 정말 열심히 살았다는 생각이다.

메모장에는 관심 사항별로 각종 정책 아이디어, 아이와 주민들에게 도움이 되는 사업, 지역민들 혹은 정책 관련 공무원들과 나눈 대화, 책에서 발견한 생각, 주요 언론기사, 순간순간 떠오른 아이디어들이 빼곡하게 적혀있다.

새로 태어날 때마다 나는 조금씩 강해졌다.

한 아이의 엄마에서 지역 내 아이들의 보육 환경 개선을 위한 활동가가 되고 다시 지역민들을 위해 일하는 정치인으로 거듭났으니까.

항상 가슴에 담고 있는 시 한 구절이 있다.
평생을 종교인과 교육자로 살아온 사무엘 올만의 시 '청춘'.
"Youth is not a time of life ; it is a state of mind."

청춘은 "인생의 한 시기가 아니라, 마음의 상태" 라는 말이다.

지방의회 현실을 목도하며 의정활동으로 정책연구를 해온 전문성을 묵혀두지 말고 현역으로 기여해보라는 권유를 듣고 있다.

정치 활동을 하며 고수하는 원칙이 있다.
정치인으로서 공사 구분은 명확히 해야 한다는 것이다.
초, 중, 고등학교 동창 모임에 가지 않고 친목회 등 사적 모임도 하지 않는다. 즉, 사적인 관계를 정치로 연결 짓지 않으려고 한다.
사적인 관계가 공적인 정치활동에 침범할 소지를 사전에 차단하려는 것이다.

나의 열정은 식지 않았다.

02
나는 호기심 많은 아이였다

내 고향은 경기도 양주시(당시 양주군)의 작은 시골 마을이다.

집 앞에 논들이 있고 논두렁 사이로 큰집과 우물, 빨래터가 있었다. 논둑길 근처에는 자두나무 10여 그루가 나란히 키재기를 하고, 그 옆으로 경원선 기찻길이 지나갔다. 집 대문을 벗어나면 우리 가족의 먹거리 채소 텃밭이 있었다. 집 뒤편 산은 내가 뛰어놀던 놀이터였다.

나는 최씨 집성촌 마을에서 최씨 집안의 장녀로 태어났다.

어릴 때는 주로 친척 오빠들을 따라 다니며 산을 오르거나 냇가에서 멱을 감았다. 골목에서 '무궁화꽃이 피었습니다' '공기놀이' '땅따먹기' '자치기' 등 다양한 놀이를 하며 시간을 보냈다. 방학이 되면 이태원 고모 댁으로 놀러 가곤 했다. 조금씩 성장하면서 자연스레 또래들과 어울리는 시간이 늘어났다.

내가 최경자(子)라는 이름을 갖게 된데는 특별한 사연이 있다.

부모님이 결혼하시고 한동안 아이가 생기지 않아 걱정이 많으셨다고 한다.

결혼 후 2년쯤 되었을 때, 어머니께서 태동이 있으셔서 할아버지께서는 아들이 태어나기를 바라는 마음으로 경자 돌림의 남자 이름까지 미리 지어놓으셨단다. 여자인 내가 태어나서 실망이 크셨던지 외가에서 산후조리 중인 어머니를 외면할 정도였단다.

내가 백일이 될 즈음 동생이 태어났고 그로 인해 나는 일찍 모유를 동생에게 양보해야 했다. 퇴근길 아버지께서 손에 쥐고 온 과자를 좋아해서 지금도 군것질을 즐겨 하고 편식하는 경향이 있다.

연년생으로 태어난 동생이 3살 되던 해에 폐렴으로 하늘소풍을 갔다. 아버지가 울면서 동생을 하얀 이불로 꽁꽁 싸매 지게에 지고 선산으로 오르시던 기억이 지금도 생생하다. 그 이후, 죽음에 대한 트라우마로 힘들었다.

어릴 때부터 나는 호기심이 많았다. 호기심으로 인해 크게 다칠 뻔한 일도 있었다. 중2 때 고향집에 전기가 들어왔다. 어찌나 신기했던지 부모님이 방에 계실 때 대청마루에서 스위치로 불을 껐다 켰다 하다가 급기야 콘센트에 쇠젓가락을 넣게 되었다. 갑자기 몸이 짜릿하더니 마룻바닥 아래로 튕겨 나갔다.

비명을 듣고 뛰어나오신 아버지를 보고 바들바들 떨기만 했다.

당시, 아버지께서는 내가 많이 다친 줄 알고 기겁하셨다고 한다.

내 고향은 봄이 되면 살구꽃이나 자두꽃이 흐드러지게 핀 꽃 천지였다. 여름에는 사람들이 모여 모닥불을 피워놓고 멍석 위에 둘러앉아 TV를 시청하곤 했다.

동네 어른들이 아이들의 이름을 불러주고, 나이 드신 동네 어르신이 무거운 짐을 들고 가면 누구든 달려가서 손을 보태 주었다. 그 시절에 터득한 것은 '사람은 누구든 귀하게 대해야 한다'는 것이었다. 정치라는 단어를 알기 오래전, 나는 '사람을 어떻게 대해야 하는가'를 알게 되었다.

눈을 상대방의 시선에 맞추고 이야기를 들어주는 것이 얼마나 중요한지 동네 어르신들로 부터 배웠다. 이것은 자라나서 경청하는 습관으로 연결되었다.

03
그리운 아버지

비가 내리던 여름날, 아버지는 구름을 움직이는 묘기를 보여 주셨다. 어린 시절, 꼬맹이의 눈엔 아버지는 무엇이든 못 하는 게 없었던 분이셨다.

밖에 나가서 놀 수 없다 보니 우리 남매는 아버지 양 무릎에 걸터앉아서 하늘만 바라보고 있었다. 그때, 아버지께서는 하늘에 떠 있는 구름을 보라고 하셨다. 입으로 바람을 불어 구름을 움직이겠다고. 우리는 눈이 휘둥그레져 아버지와 구름을 번갈아 바라보았다.

이윽고, 볼을 크게 부풀려 바람을 '호'하고 부니 구름이 정말로 움직이는 것처럼 보였다. 얼마 후, 비가 그쳤다. 그때는 아버지가 바람으로 구름을 날려 비가 그친 것으로 알고 있었다.

아버지는 내 이야기를 잘 들어주는 다정한 친구이기도 했다.
자식들과 잘 어울리셨지만 큰딸인 내게 더 많은 정을 주신 분이었다.

아버지가 없는 세상은 상상할 수도 없었다.

하지만, 고등학교를 졸업하기 전에 아버지를 먼 나라로 떠나보내야 했다.

여고 3학년 여름방학이 끝나고 2학기가 시작되는 날, 학교에서 비통한 소식을 들었다. 아버지께서 출근길에 교통사고로 순직했다는 소식이었다. 믿을 수가 없었다. 숨을 쉬고 있지만 나도 살아 있는 것 같지 않았다.

무더웠던 여름날, 슬픔을 억누르고 아버지의 하늘소풍 길을 배웅해야 했다. 동생들을 데리고 아버지와 자주 올라갔던 집 근처 산에 올라갔다. 영원한 작별을 위해. 장례를 마치고 집으로 갈 때 하늘에 구멍이 난 듯 비가 내리던 그날을 지금도 잊지 못한다. 얼마나 충격이 컸던지 오랫동안 공황장애를 앓았다.

내 인생에서 가장 슬펐던 시간이었다.

한동안 환청에 시달리기도 했다. 저녁이 되면 퇴근하신 아버지께서 대문앞에서 "경자야" 하고 부르시는 것만 같아 대문만 멍하니 바라보곤 했다.

다리를 놓는 사람 – 더불어 함께할 따뜻한 힘

04
품격과 책임의 가치를 배웠다

아버지는 전매 공무원으로 봉직하시면서도 마을 주민들을 위한 일이라면 무슨 일이든 마다하지 않고 나서서 하셨다. 집에 오시는 동네 어른들을 대하는 모습을 보면서 자연스레 상대방을 존중하는 태도를 배웠다.

국어 학습에 도움이 될 거라고 남대문 시장에서 중고 일제 소니 카세트를 구매해 선물로 주시기도 했다. 국어책 읽은 내용을 녹음하셔서 들려주며 정확한 발음을 하게 하셨다. 중학생이 되었을 때는 조간신문을 펼쳐 놓고 신문 사설을 꾸준히 읽게 하여 세상이 어떻게 돌아가는지 관심을 갖게 하셨다.

학교 공부에는 흥미를 느끼지 못했지만 아버지와 대화하고 이야기를 들을 때는 눈과 귀가 크게 열렸다. 마을 뒷산에 활짝 핀 꽃과 나무를 보고 이름을 알려주거나 어떤 느낌이 드는지 묻곤 하셨다.

내게 아버지는 다정한 친구였고 따뜻한 선생님이셨고 인생의 멘토였다.

어머니는 성격이 급한 나에게 말할 때 말을 천천히 하는 습관을 지니게 하였다. 말 할 때는 세 번 숨을 쉬거나 넓적다리를 세 번 꼬집은 후 답변하라고 하셨다.

또한, 동전 같은 푼돈조차 귀하게 여기라고 돼지 저금통을 준비해 주셨다. 1원, 5원, 10원짜리 동전도 가볍게 보지 않고 저금통에 넣었다. 동전들이 모여 천원이 되고 만원이 되는 걸 보며 '작은 것도 하찮게 여기지 않는다는 생각'을 스스로 터득하게 되었다.

남동생과 함께 아버지 무릎사이에서

다리를 놓는 사람 - 더불어 함께할 따뜻한 힘

엄마가 하늘 소풍을 떠나시던 시간

    아버지께서 일찍 세상을 떠나신 이후에도 어머니께서는 꿋꿋하게 우리 남매들을 챙겨주셨다. 주경야독으로 대학원에서 학위를 수료했을 때 "자랑스럽다"라고 하시며 꼭 안아주었던 순간이 아직도 기억에 선명하다.

    부모님께서는 큰 소리를 내며 한 번도 다투신 적을 볼 수 없을 정도로 금슬이 좋으셨다.

비교적 경제적으로 안정되고 따스한 가정의 울타리 안에서 자라나며 부모님께 '품격'과 '책임'의 가치를 배웠다. 부모님께선 입버릇처럼 "어려운 사람을 도우면서 살아야 한다"라고 강조하셨다.

경제적 능력이 있고 없고를 떠나 사람들과 함께 나누면서 살아가야 한다는 가르침이었다.

가정은 내게 '품격'이 무엇인지 보여준 첫 공간이었다. 품격은 외모나 재력이 아니라 사람을 대하는 말과 행동에서 나온다고 말씀하셨다. 주변으로부터 신뢰받으려면 품격과 책임이 필요하다는 것을 알게 되었다. 인생을 살아가면서 '책임'이라는 단어가 얼마나 가치 있고 의미 있는지 알았다.

의정활동을 할 때 4남매의 장녀로 지내온 시간을 되돌아보곤 했다. 부모님은 동생들을 잘 챙기고 잘 지내야 한다고 기회있을 때마다 당부하셨다. 작은 것도 나누려고 하는 마음, 상대를 먼저 생각하는 배려심이 자연스럽게 길러졌다.

05
아이들이 좋았다

여고 졸업 이후 3주 만에 취직했다. 평생의 반려자를 직장에서 만났다. 매일 얼굴을 봐야 하는 직장 동료. 그는 군 복무를 마치고 복직하여 1년 동안 나를 쫓아다녔다. 조금씩 마음을 열었다. 집안 어르신이신 할머니의 허락을 받아야 마음이 편해질 것 같다고 말했다.

혹시, 마음을 접으면 어쩌나 마음이 조마조마했지만 기우에 불과했다. 엄마 생일날 장 보는데 나를 따라와서 집까지 동행하게 되었다. 장 보러 간다는 사람이 생전 처음 보는 남자를 데리고 왔으니 가족들의 표정이 어떠했을까. 그때 그 일을 떠올리기만 해도 웃음이 저절로 나온다. 그날, 집에 계셨던 호랑이 할머니와 처음으로 대면이 이루어졌다.

훗날 남편이 된 직장 동료는 할머니 앞에서 1시간 동안 무릎을 꿇고 본인이 나를 얼마나 좋아하는지 말씀드리며 할머니의 마음을 움직였다.

할머니는 귀한 손녀와 연인이 되고 싶어 하는 남편의 믿음직한 태도에서 진심을 보셨던 것 같다. 이후, 할머니는 우리의 든든한 버팀목이 되어 주셨다. "우리 조 서방, 조 서방" 하시며 가족들 중 누구보다도 남편과 친해지셨다.

연애 기간에도 우리는 초등생이었던 두 동생과 어디든지 함께 다녔다.
그 당시 나는 결혼하면 아이 하나만 낳아서 잘 키우고 싶은 생각이었다.

계획대로 아들 출산후 사회성에 대해 고민을 하게 되었다. 다니던 직장은 아이를 낳으면서 그만 두었다. 당시 여성은 아이를 출산하면 직장을 그만두는 사회 분위기였다. 이대로 경력단절이 되는구나 생각하니 마음이 편치 않았다. 하지만, 그것은 잠시 뿐. 고등학교 후배의 부탁으로 아이를 맡아 공동육아를 하게 되었다. 더 많은 아이들을 돌볼 수 있었다.

나는 아이들이 좋았다.

그후, 보육시설 확충이 국가의 중요 아젠다로 선정되어 본격적으로 활동을 시작했다. 현재 살고있는 주소지에 보육시설을 지었다. 의정부시 어린이집 연합회를 만들고 임의단체에서 법정단체로 전환시켰다. 이런 과정에서 어린이집 연합회 회장직을 세 번이나 하게 되었다.

다리를 놓는 사람 – 더불어 함께할 따뜻한 힘

06
내가 가야할 길을 알게 되다

정치를 하고 싶다고 마음먹었던 순간은 의외로 단순했다.

어느 날, 학교에 갔을 때 아이의 교실 책상 모서리가 아이의 배 높이에 닿아 있는 것을 보았다. 어른이 보기엔 아무렇지 않아 보였지만 그 작은 모서리에 아이들이 몇 번이나 배를 부딪치고 짧은 순간 움찔하며 보이는 표정을 나는 놓치지 않았다. 그 순간 스스로 물었다.

"왜 아무도 이걸 '문제'라고 보지 않을까?"
"왜 아무도 이런 문제를 해결하려고 하지 않을까?"
"정치가 꼭 거대한 담론이어야 할까?"
"왜 아이 한 명의 고통은 정치가 될 수 없을까?"

아이의 하루를 돌보는 일도 정치의 영역에 들어간다면, 나도 정치인이 될 수 있겠다고 생각했다. 아이 한 명의 고통뿐만 아니라 많은 아이의 고통을 해결할 수 있으니까. 세상을 좋은 방향으로 바꿀 수 있으니까.

다음 세대를 위해 떠날 때를 알고 주저 없이 떠나는 것만큼 중요한 게 있을까. 어린이집 연합회 회장직을 사직하고 우리 직능의 열악한 사회적 지위 향상을 위해서는 행정을 알아야 한다고 생각했다. 일반 행정학 전공을 위해 대학원에 진학하였다. 보육 관련 석사논문 수료 3주 후 지방의회 비례대표제 도입 원년에 여당과 야당으로부터 비례 의원 제의를 받았다.

남편과 아들, 양가 친척들의 동의를 구하고 어린이집 연합회 임원들과 협의를 거친후 정치에 뛰어들기로 결정했다. 보육 정책을 국정지표로 내세운 노무현 대통령의 열린우리당에 입당했다.

지역 위원장이신 문희상 의장께서 직접 면접을 보시고 합격을 결정. 비례의원 후보로 낙점되었다. 되돌아보면 매 과정마다 하나님의 은혜와 기도를 해주신 많은 고마운 분들의 응원과 격려로 의정생활을 시작했다

이후, 재공천되어 선거에 출마해서 당선의 기쁨을 누렸다.
선거구는 원도심으로 거주지인 1선거구의(흥선권역) <세상을 바꾸는 따뜻한 힘>가번 후보였다. 유세중 "여자가 무슨 세상을 바꾸냐". "의원이 술도 잘 먹어야 의정활동을 잘 하지. 술도 못하면서.."등 비아냥을 듣기도 했지만 재선에 성공했다.

다리를 놓는 사람 – 더불어 함께할 따뜻한 힘

아이가 학교에 다니기 시작하면서 나는 자연스럽게 학교와 지역 문제에 관심을 갖기 시작했다. 학교 앞 횡단보도, 통학로의 우범지역들, 차량이 몰리는 등하교 시간의 위험, 과밀학급과 학생 지도에 지친 선생님들, 이 모든 문제는 학부모의 마음, 자녀의 하루, 선생님의 삶에서는 거대한 문제였지만 '국가 정책' 단위로는 아주 작은 문제에 불과했다.

"작은 문제를 해결하는 정치가 가장 빠른 정치다."

그 깨달음이 의정부 시의원을 시작으로 민주당 소속 의정부 최초 여성 3선 시의장, 경기도 도의원 활동까지 고스란히 이어졌다.

07
나는 어떤 생각으로 정치를 시작했나

정치 입문을 결심한 날, 나는 세 가지 다짐을 노트에 또박또박 적었다.

사람보다 제도를 먼저 보지 않는다.
현장보다 책상을 먼저 보지 않는다.
아이를 중심에서 절대 놓치지 않는다.

이 세 가지 다짐은 의정부 시의원 12년, 경기도의회에서 미래 교육 정책을 설계하며 의정활동을 했던 시기까지 모든 사안의 판단기준이 되었다.

사람들은 지금도 내게 묻는다.
"왜 정치를 계속하세요? 정치는 힘든데 왜 버티세요?" 하고, 나는 일관되게 대답한다.
"미래 세대들을 위한 일을 할 수 있으니까요."

다리를 놓는 사람 - 더불어 함께할 따뜻한 힘

아이 한 명의 하루가 바뀌면 가족의 삶이 바뀌고, 동네가 안정되고, 도시가 달라지고, 세대가 나아가는 방향이 달라진다.

정치는 아이가 성장하는 미래를 방해하지 않는 책임이라고 믿는다.

나는 오늘도 아이 한 명의 걸음에서 내가 정치활동을 하는 의미를 찾는다.

어린이집 연합회 활동을 할 때 '절차', '규정', '예산 범위', '관계 기관 협의'라는 행정의 언어에 부딪힐 때가 많았다. "아이들은 행정의 언어로 울지 않는다." 아이들은 "아파요", "무서워요", "힘들어요"라고 말하는데 행정은 다른 말을 하고 있었다. 나는 그 언어 사이의 틈을 메우고 싶었다.

그래서, 내 정치의 시작은 거창한 계획이 아니라 현장에서 겪었던 문제를 해결하려는 마음이었다. 그때의 마음은 지금도 다르지 않다. 이것이 내가 정치를 하기로 결심한 동기이다.

의정부역
Uijeongbu Station 議政府驛

'관심과 소통'은 힘이 세다

2

현장에서 배운 정치

– 현장의 마음을 읽다

01
현장은 늘 서류보다 먼저 울었다

현장에 가면 사람들을 통해 문제가 무엇인지 생생하게 들을 수 있다.

문제가 무엇인지 꼼꼼하게 작성된 서류 열 장을 넘기는 것보다 현장에 가서 사람들의 표정을 보고 목소리를 듣는 게 열 배는 나았다.

5년 동안 직장을 다니고 결혼 후 어린이집 연합회 활동을 할 때, '현장'이 얼마나 중요한지 절실하게 느꼈다. 사람들이 겪는 문제는 추상적이지 않고 매우 구체적이었다.

현장에 가면 서류로는 절대 보이지 않는 것들이 제대로 보였다. 생활 현장에서 만난 사람들은 가족과 돈, 질병 등 여러 가지 문제로 힘들어했다.

한 번만 잘못 엮이면 인생이 완전히 엎어져 버리는 사람들도 많았다.

다리를 놓는 사람 – 더불어 함께할 따뜻한 힘

그들을 만나면서 머릿속에 각인된 것이 있었다.

"사람의 문제는 표면에서 보이지 않는다.

가장 아픈 곳은 늘 말하지 못한 곳에 있다."는 것이다.

현장을 직접 가봐야 문제가 선명하게 드러났고 어찌 해결해야 할지 답을 알 수 있었다. 서류에서는 확인할 수 없는 고통이 고스란히 사람의 얼굴에 남아 있었다.

특히, 복지제도의 혜택을 제대로 받지 못하는 취약 계층이나 위기 가구 등 복지의 사각지대는 직접 현장에 가지 않으면 아무런 도움을 줄 수 없다.

가정폭력으로 아이와 함께 집을 뛰쳐나온 엄마에게서 '정치가 해 줄 수 있는 가장 기본적인 역할은 보호'라는 사실을 알았고, 생활고로 일상이 무너져가는 가정을 보며 '복지는 생존의 언어'임을 절실하게 느꼈다.

현장은 늘 서류보다 먼저 울었다. 나는 울음의 근원을 파고 들었다.

이때의 경험은 훗날 교육과 여러 가지 경기 북부의 정책들을 설계할 때 많은 도움을 주었다. 문제는 사람에게 있다. 정치는 그 사람에게 다가가는 도구이여야 한다.

의정활동을 하면서 어떤 정책을 만들 때든, 어떤 결정을 내릴 때든 늘 '보이지 않는 쪽'을 먼저 떠올렸다. 따지고 보면 현장의 중요성을 알게 된 이때부터 막연하게나마 정치에 관심을 가지게 된 것 같다.

인도의 성자, 마하트마 간디는 "정치는 국민의 눈물을 닦아주는 것"이라고 말했다. 국민의 고통과 아픔을 공감하고 문제를 해결하려는 노력이 바로 정치인이 해야 할 책임이란 뜻이다.

정치인의 역할에 대한 문장 중에서 이보다 더 명쾌한 표현이 있을까. 내가 항상 이문장을 기억하는 이유다.

다리를 놓는 사람 - 더불어 함께할 따뜻한 힘

02

경청, 정치인의 기본 자질

　정치를 하기 전, 정치인은 기본적으로 '말을 잘하는 사람'이라는 선입견이 있었다. 사람들 앞에 나서서 말할 기회가 많을 텐데 말을 못 하면 어떻게 정치활동을 할까? 실제로, TV 뉴스에 나오는 정치인들을 보면 대부분 말을 잘했다.

　정치활동을 하면서 이것은 반은 맞고 반은 틀렸다는 사실을 알았다.

　조리 있고 명확하게 말도 해야 하지만, 정치인이라면 성심껏 잘 들어주는 사람이 되어야 한다. 잘 들어야 현장을 제대로 알 수 있고 정책에 반영할 수 있기 때문이다. 잘 듣고 공감하면 신뢰감은 자연스럽게 따라온다.

　현장에서 사람들이 가장 갈망한 건 돈도, 제도도, 직함도 아닌 귀를 열고 진심으로 들어주는 사람이었다. 상대의 말을 끊지 않고 끝까지 들어주는 것이 사람에게 얼마나 큰 힘이 되는지 현장에서 알았다.

"누구에게 말해야 할지 몰랐는데 의원님이 제 말을 끝까지 잘 들어줘서 고맙습니다."

그런 말을 들을 때는 뜨끔해진다.
오히려, 내가 고마운데. 그런 힘든 이야기를 해줘서. 현장의 목소리를 잘 듣지 못하고 무슨 정책을 만들 수 있나.

'정치는 말하는 사람이 아니라 듣는 사람이 해야 한다.'
'경청은 정치에서 가장 필요한 기술이다.'

나는 회의에서 목소리를 높이지 않는다.
상대방의 말을 끝까지 듣고 말 사이의 침묵까지 읽으려고 한다.

말을 들으면 이해관계가 보이고 구조가 보이고 문제의 뿌리가 보인다.
무엇보다 사람은 '내 말을 들어주는 사람'을 신뢰한다.

정치인은 말로 설득하는 사람이 아니라 경청으로 신뢰를 얻는 사람이다.

이런 깨달음이 의정부 혁신교육, 꿈 이룸학교, 꿈의 학교인 의회 청소년 자치학교 등 정서·심리 정책 등 정치적 결정을 할 때 도움이 되었다.

03

문제가 품고 있는 구조를 보았다

부모의 불화로 가정의 평화가 실종된 가정을 보면 안타깝기만 하다. 가장 큰 피해를 보는 사람은 다름 아닌 아이들이기 때문이다. 부모의 현명하지 못한 처신으로 왜 아이들이 고통받아야 하나.

가정불화를 경제적인 문제, 부모의 성향 등 개인적인 문제로만 보게 되면 정치가 도움을 줄 공간이 없다. 우리 사회의 기초단위인 가정이 흔들리면 건전한 사회라고 볼 수 없다. 정치 혹은 사회 안전망이 필요한 이유다.

복지의 시각으로 볼 때, 한 가정의 문제는 여러 가지 문제를 품고 있다. 아이들의 불안정한 정서, 경제적인 문제 등 정책의 사각지대에 놓인다.

아이들의 돌봄 체계는 잘 작동되는지, 경제적 약자를 보호할 제도는 잘 정비되어 있는지 정치가 해결해야 할 부분은 분명히 있다.

현장 활동을 하면서 문제가 발생하면 단순한 하나의 사건만 보기보다는 입체적인 측면에서 사건의 본질 즉, 구조를 보기 시작했다.

예를 들어, 어떤 아이가 계속 지각하는 문제는 개인의 성향보다는 통학버스가 너무 일찍 오거나 불규칙하게 오는 불합리한 구조 때문일 수 있다. 한 교사의 번아웃은 개인의 체력이 아니라 학교 지원시스템의 부재, 행정 업무의 과밀 때문일 수 있다.

'사람에게 벌어지는 문제는 대부분 불합리한 시스템에서 발생한다.'

나는 사람에서 문제를 찾기보다는 먼저 구조 자체가 결함이 없는지 분석하는 버릇이 생겼다. 이런 생각은 '정치적 판단'을 할 때 강력한 무기가 되었다.

다리를 놓는 사람 – 더불어 함께할 따뜻한 힘

04
약자는 늘 시간과 싸운다

민원인들의 불만은 다양한 방식으로 표출된다.

"시간이 없다고요. 언제까지 기다리라는 건가요"
"당장, 어떻게 살아야 할지 모르겠어요."
"오늘이 지나면 너무 늦어요."
"도대체, 언제 해결해 주실 거예요."

반면, 행정은 앵무새처럼 판에 박힌 말만 한다.

"검토해 보겠습니다."
"회의 후 다시 연락드리겠습니다."
"절차를 밟아야 합니다. 시간이 필요합니다."
"간단하게 해결할 문제가 아닙니다."

행정은 현안이 쌓여 있다는 이유로 늦어지기 쉽다.
민원인은 오로지 현안 하나만 해결되기를 바라고 있다.

행정이 늦어지면, 약자는 무너졌다.

나는 다짐했다.
"시간을 앞당겨주는 사람이 되겠다고."

이후, 의정부 시의원 시절과 경기도 의회에서 현장을 움직일 때 나는 '빠른 실행'을 최우선 가치로 두었다. 정치는 누군가를 대신해 시간을 벌어주는 일이라고 믿음이 생겼다.

다리를 놓는 사람 – 더불어 함께할 따뜻한 힘

05

의정부, 내 삶과 정치의 현장

내가 사는 의정부는 태어나서 자란 양주만큼 특별한 공간이다. 내 지역구로 현장의 소중함을 깨닫게 한 배움의 장이기도 하다.

의정부에서 현장을 뛰어다니며 고마운 분들의 도움을 많이 받았다.

그들은 현안에 대해 내게 따스한 조언을 해주거나 함께 고민을 나누며 의정부의 교육, 복지 환경을 바꾸는 데 든든한 역할을 해주었다.

의정부는 무엇이든 어중간한 도시였다.

서울과 맞닿아 있지만 교육이나 복지를 포함하여 여러 가지 면에서 많이 뒤떨어져 있었다. 관내에 산재해 있던 미군기지 등으로 오랫동안 군사도시란 이미지가 강했다. 경기도 북부의 중심도시와 수도권에 편입된 '베드타운'이란 이미지가 중첩되어 있기도 했다.

복지혜택을 받아야 할 사람들이 많은 도시.

서울 북부권보다도 교육 환경이 상당히 취약한 도시.
지역 공동체 온도가 민감하게 작용하는 도시.

나는 의정부를 조금이라도 변화시키고 싶었다.

지역에서 사회활동을 하며 '돕는 사람'에서 '문제를 바꾸는 사람', '의정부를 변화시키는 사람'으로 나를 규정했다.

최경자 의정부시의회 의장 <사진출처 : 중부일보>

다리를 놓는 사람 – 더불어 함께할 따뜻한 힘

06

관심과 소통은 힘이 세다

의정활동을 하면서 많은 사람들을 만났다.
가끔은 생각하지도 않은 질문을 받을 때가 있다.

"정치하는 분들은 특별한 사람들 같아요. 정치적인 감각이 필요할 테니까요. 의원님은 원래부터 정치적인 감각이 있으셨던 것 같아요?"

처음에는 뭐라고 해야 할지 머뭇거리다가 대답한다.

"그렇지 않아요. 원래부터 정치적인 감각이 있는 사람이 어디 있어요?
많이 찾아가고 현장에서 많은 이야기를 듣다 보면 그런 감각이 좀 더 살아나는 거 같기는 해요."

그분이 말하는 정치적인 감각이 무엇을 뜻하는지 정확하게 모르겠지만 이 정도 답변이면 적절할 거라고 생각했다. 정치의 현장에서 살아남기 위한 감각을 의미한다고 해도 불쾌하게 받아들이지는 않았다.

정치적인 감각은 이웃과 지역에 대한 작은 관심과 소통 능력. 즉, 현장을 제대로 읽는 감각과 끊임없는 소통에서 나온다.

이웃의 말 한마디가 지방정치의 핵심이다.

"아무도 들어주지 않아서 그게 더 힘들었어요."
"이 문제만 해결되면 우리 동네가 숨 좀 쉬겠어요."
"사람 좀 보내 주세요, 우리는 손이 모자라요."
"정치가 우리한테 무엇을 해줄 수 있어요?"

이웃의 말들은 단순한 요구가 아니라 '정치의 본질'을 설명하는 교과서이다. 지역은 늘 말한다.

"우리 삶을 보세요. 여기에 정치가 필요해요."

이런 말들이 마음에 꽂혀서 나는 정치의 문을 두드리게 되었다.

다리를 놓는 사람 – 더불어 함께할 따뜻한 힘

07
정치의 근육이 만들어진 시절

현장은 언제나 내 귀에 속삭였다.

"나는 당신을 떠나지 않을 겁니다."

책상에 앉아서 업무를 보거나 여러 사람과 마주 앉아 회의해도 당신의 판단에 끼어들어 끊임없이 외칠 것이다.

바른 결정을 하라고, 사람에게 가라고, 정책이 왜 필요한지 절대로 잊지 말라고.

나는 그것을 두려워하지 않고 감사했다. 정치가 혼자 생각하고 결정하는 거라면 시작도 안 했을 것이다. 나는 '현장이 늘 내 안에 있다'라고 믿었다. 그 신념은 의정활동을 할 때 가장 큰 힘이 되었다.

복지 현장은 내가 정치인으로 성장하게 한 최고의 학습장이었다. 그곳에서 나는 듣는 정치, 빠른 정치, 구조를 보는 정치, 사람 중심 정치, 약자의 시간을 지키는 정치를 배웠다.

복지 현장이 없었다면 나는 정치인이 될 수 없었을 것이다.

의정부시의회와 경기도 의회에서 결정된 정책들은 모두 이 시절에 단련된 근육으로 만들어졌다. 내가 지향하는 정치관을 딱 한 문장으로 적어본다.

정치는 결코 서류 위에서 배우는 것이 아니다.
사람 속에서 배운다.

최경자 도의원 <사진출처 = 경기도의회>

다리를 놓는 사람 – 더불어 함께할 따뜻한 힘

의정부라는 현장에 스며들다

3

정치의 문 앞에서

– 책임이 내 마음을 두드렸다

01
내 꿈은 정치인이 아니었다

어릴 때, 내 꿈은 학교 선생님이었다.
초등학교 다닐 때, 좋아했던 선생님 때문이었다.
이야기를 잘 들어주고 존중하는 태도가 마음에 들어
어른이 돼서 선생님이 되면 좋겠다고 생각했다.

당연히, 정치는 심리적으로 거리가 먼 단어였다.

현장에서 일하던 시절에도 지역에서 봉사하던 시절에도 내 기억에 정치는 없었다. 정치는 투표에서 선출된 특별한 사람들만이 할 수 있는 것으로 알고 있었다.

국민이 인간다운 삶을 영위하게 하고 상호 간의 이해를 조정하며 사회질서를 바로 잡는 역할을 하는 것이 모두 정치 행위라는 걸 알고부터 나도 정치를 하고 있음을 깨달았다. 누군가를 돕고, 문제를 해결했고, 현장을 뛰며 중간에서 조정하는 역할을 했으니까.

하지만,
정치인이 될 거라고 생각해 본 적은 없었다.
어린이집 연합회 활동을 하며 한 가정의 아내와 엄마로 만족했다.

언제부턴가 사람들은 내게 말했다.

"왜 이렇게 열심히 하세요?"
"우리에게 힘이 되어 주세요."
"이런 분이 정치하셔야 세상이 더 좋아질 텐데."

나는 그 말에 담긴 뜻을 오랫동안 숙고했다.

"내가 정치를 할 수 있을까?"
"내가 정말 사람들에게 힘이 되어 줄 수 있을까?"

이런 질문의 출발점에서 나는 정치에 조금씩 다가갔다.

02
우리는 깐부입니다

어느 날, 아이를 키우는 어떤 엄마가 나를 찾아왔다.
그녀는 피곤이 잔뜩 낀 표정으로 힘겹게 말문을 열었다.

"도대체 어디를 가서 호소해야 하나요? 선생님, 대신 좀 해주세요."

그 말은 부탁이 아니라 절규에 가까웠다. 그녀는 이미 여러 기관을 돌고 돌아왔고, 상담도 하고 민원도 제기하고 의견도 제출했지만 해결된 것은 하나도 없었다. 끝까지 이야기를 들어주고 해결책을 함께 고민했다. 그녀의 표정은 처음보다 밝아졌다. 같은 편이 되어 줄 사람이 있다는 이유만으로. 나는 그런 분들의 편이 되고 싶었다. 관심을 가지고 잘 들어주고 함께 고민하고 해결 방안을 찾는 것만으로도 같은 편이 될 수 있음을 알았다.

그들은 내게 말했다.
"당신 말은 듣습니다. 당신은 우리 편이니까요."
내게 마음을 열었다는 것만으로 흐뭇했다. 깐부처럼 나를 같은 편으로 생각해 준 거니까. '대신 싸워줄 사람'이 되어 달라는 뜻으로 들렸다.

정치는 싸움이 필요한 사회적 약자의 옆에 서주는 일이라는 것을 알았다. 그들에게 조금이라도 도움이 될 수 있다면 기꺼이 함께하려고 했다.

03
의정부라는 현장에 스며들다

지역의 작은 문제들은 늘 큰 문제보다 먼저 다가왔다.

아이가 넘어지는 통학로 돌 틈새, 학교 앞 신호등이 너무 빨리 바뀌어 아이들의 보행을 위험하게 하는 것. 어린이집 실내 바닥의 안전 패드 불량 문제, 지역사회 돌봄 인력 부족, 취약계층의 방문간호 체계 미비 등.

무심코 넘어갈 수 있는 작은 문제에 불과할 수도 있지만, 내게는 삶의 존엄과 일상의 안전을 지키는 핵심 문제로 다가왔다.
나는 눈앞에 보이는 이런 문제들에 다가가서 해결하려고 했다.

차마, 모른 척 지나갈 수 없었다.
문제 당사자를 만나고, 학교를 찾아가고, 시청·교육청을 오가며 자료를 만들고, 민원을 정리하고, 회의에 참여했다. 내가 발을 딛고 있는 의정부 지역사회의 문제니까 내가 해결해야 한다는 생각이었다.

다리를 놓는 사람 – 더불어 함께할 따뜻한 힘

그 과정에서 어느 날 시청 담당자가 말했다.

"이 정도면 정치하셔야죠."
그 말을 웃어넘겼지만, 마음 깊은 곳에서 무언가 들려왔다.

어쩌면, 정치를 해도 되겠다고.

04

두려움을 딛고 정치 현장에 뛰어들다

   정치를 해보겠다고 하니까 대부분 주변 사람이 말렸다.

   위험한 싸움터에 왜 굳이 가려고 하냐고. 정치를 하면 상처받기 쉽다고 내가 정치를 제대로 할 수 있을까 오랫동안 숙고의 시간을 가졌다.

상처받고 죽도 밥도 되지 않으면 무슨 망신일까?
왜 굳이 힘든 길을 가려고 하나?
두렵다고 현장을 외면할 수 없었다.

현장에서 들었던 목소리들,
도움의 손길을 뻗어 손을 잡아 달라고 하는 사람들,
괴물처럼 버티고 선 구조의 실타래에 엉킨 사람들,
아이의 하루를 걱정하던 평범한 부모들.

   정치의 실체가 무엇인지 잘 모르지만 사람들의 부름에 귀를 막을 수는 없었다. 그 소리가 두려움보다 강했다. 두려움 때문에 가야 할 길을 피할 수는 없다고 생각했다.

05
누군가 해야 한다면, 내가 하겠다

정치권에서 처음 제안이 왔을 때 내게는 어울리지 않은 옷이라고 생각해서 거절했다.

"저는 정치랑은 거리가 멀어요."
"저는 말 잘 못해요."
"저는 싸우는 거 못합니다."

입바른 겸손이 아니었다.
사실이 그랬으니까.
달리 할 말이 없었다.

정치란
말 잘하고 많이 아는 특별한 사람들만 하는 것으로 알았다.

그들은 말했다.
"그래서 해야 합니다."

마음을 울리는 말이 있었다.
"싸우는 정치 말고, 바꾸는 정치를 하시면 됩니다."
"사람들이 회장님을 필요로 합니다."

결국, 나는 마음을 바꾸기로 했다.
좀 더 나은 세상을 만들려면 누군가는 해야 하니까.
그것은 현장을 가장 잘 아는 사람이 할 수 있으니까.

목소리는 떨렸지만, 나는 또박또박 말했다.
"네, 한번 해보겠습니다."

정치의 문턱에 서 있던 그 시절 나는 두려움 속에서도 한 가지
는 확신했다.

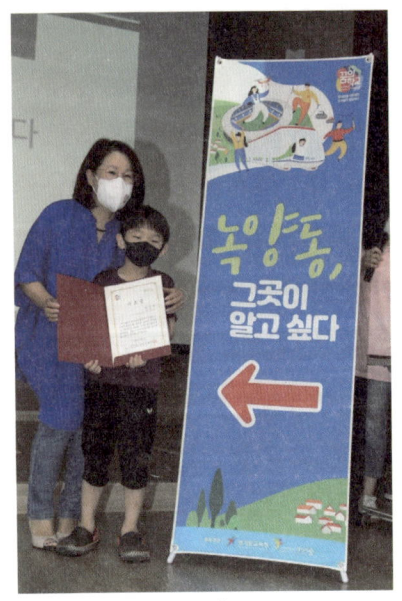

내가 바꾸지 않으면, 이 구조
는 아무도 바꾸지 않는다.

불합리한 구조 때문에 아이
들과 가정, 지역과 교사, 현장이
아픈 거라면 그 아픔을 외면하
고 싶지 않았다.

내가 나서서 힘을 보태고 싶
었다.
나는 정치인이 되기로 했다.

꿈의학교 마을교육 수료식

다리를 놓는 사람 – 더불어 함께할 따뜻한 힘

06

정치는 사람의 마음을 읽는 일

정치인이 되기 전, 어린이집 연합회 일을 하면서 사람들과의 소통이 얼마나 중요한지 알았다. 소통이 잘되지 않으면 제대로 추진되는 일이 없었다. 공감하는 사람이 많을수록 추진력 있게 일이 진행되기 때문이었다.

상대방의 마음을 제대로 읽기 위해서 말이나 글을 통한 소통만큼 감정과 태도에서 느껴지는 신호까지 잡으려고 안테나를 세웠다.

정치가가 되기로 했을 때 가장 믿었던 건 타인과 공감하려는 소통 능력이었다. 정치인이라면 모름지기 사람들의 마음을 제대로 읽어야 좋은 정책을 만들 수 있을 테니까.

자신의 이야기를 성의 있게 들어주고 질문하고, 책임지는 과정에서 사람들이 마음을 열 수 있을 거라고 확신했다.
정치를 하면서 사람들 마음을 읽는 것만큼은 게을리하지 말자고 다짐했다.

07
나는 엄마들의 대변자였다

첫 선거에 나서자, 사람들은 나를 정치인이라고 부르기 시작했다. 정치인이란 말이 어색하게만 들렸다. 나 자신이 그렇게 느껴지지 않았다.

나는 엄마들의 대변자였고 학부모의 목소리였고 지역의 문제를 해결하는 '현장의 사람'이었으니까.

골목에서 아이를 챙겨주던 어머니들.
학교 문제로 밤새 고민하던 학부모들.
복지 지원이 끊겨 막막해하던 이웃들.
사회적 약자들의 눈물을 닦아주던 활동가들.

그 사람들이 믿음직한 선거 운동원들이었다.
현장이 나를 정치인으로 만들어주셨다.

그때의 경험은 나에게 확신을 줬다.

　　　　　　　다리를 놓는 사람 – 더불어 함께할 따뜻한 힘

정치는 사람의 삶을 대변하는 자리다.
사람이 원한다면 나는 무엇이든 하겠다고 결심했다.

정치에 도전해서 처음 당선의 순간, 마치 꿈꾸는 듯했다.
점점 시간이 갈수록 환호보다도 걱정이 커졌다.
한 어머니가 내 손을 잡고 말했다.

"부탁합니다. 아무리 힘들어도, 흔들리지 마세요. 저희를 보시
고요."

그 손의 온기, 그 떨림, 그 말의 무게는 당선증보다 훨씬 더 나
를 단단히 붙잡았다. 정치는 명예가 아니라 사람의 간절함을 대
신 짊어지는 일이라는 것을 그날 몸으로 느꼈다.

정치는 최선의 조합을 찾는 과정이다

경기도에서 배운 정치

– 구조를 움직이는 힘

01
의정부에서 수원으로

    시의회에서 의정 활동을 하다가 도의회에서 일하면서 근무지가 의정부에서 수원으로 바뀌어 이동 거리가 늘어났다. 다루어야 할 사안과 만나야 할 사람도 늘어나고 책임과 권한도 동시에 막중해졌다.

    의정부 시의원 시절은 '정치의 기초 체력'을 길렀던 시간이었다.

    경기도의회로 발걸음을 옮긴 순간, 강에서 바다로 나온 느낌이었다.

    눈앞에 펼쳐진 넓은 세계를 보았다.
    경기도는 광역단체 중에서 가장 많은 인구, 최대 예산, 최대 정책 규모를 가진 거대한 유기체였다.

    의정부에서 나는 '사람의 문제'를 직접 보고 해결했다.
    경기도에서는 사람만 보고 문제를 해결하기 힘들었다.

다리를 놓는 사람 – 더불어 함께할 따뜻한 힘

'사람, 제도, 시스템, 정치, 구조 등. 다양한 사안이 복합적으로 얽혀 하나하나 문제를 풀어가야 했다. 여러 사람과 머리를 맞대고 고민하던 회의실에서 탄생한 조례나 결정이 수십만 명의 삶을 바꾼다는 게 실감 나지 않았다. 권한 뒤에는 그 무게만큼의 책임이 따라왔다.

내가 발의한 정책들이 여러 과정을 거쳐 결정되고 실행되는 것을 보고 정치를 어떻게 해야 하는지 분명히 알게 되었다.

문제가 있는 현장과 가까이하고 사안에 입체적으로 접근하기 위해 구조를 보는 걸 잊지 않았다.

02
정치는 최선의 조합을 찾는 과정이다

의정부에서 의정활동을 할 때는 비교적 문제와 해결이 명확했다.

경기도의회에서는 문제에 접근하는 방법도 복잡했고 해결책을 발견하기도 쉽지 않았다. 하나를 건드리면 다른 부분까지 영향을 미쳤기 때문에 최선의 대안을 찾는 데 애를 먹었다.

한 정책을 추진하면 다른 정책이 영향 받았고, 예산을 늘리면 다른 지역이 반발했고, 교육을 강화하면 행정이 불만을 가졌고, 구조를 바꾸려 하면 시스템이 저항했다.

처음에는 혼란스러웠다.

이 혼란 속에서 정치의 본질을 다시 발견했다.
'정치는 옳은 답을 찾는 일이 아니라 최선의 조합을 찾는 과정이다.'
수많은 이해관계 중 '가장 덜 아픈 선택'을 하는 것. 그것이 정치였다.

다리를 놓는 사람 – 더불어 함께할 따뜻한 힘

현장 경험을 한 탓에 그 사실을 받아들이는 데 오래 걸리지 않
았다.

현장 경험할 때 나는 늘 물었다.
'누가 가장 많이 아플까?'

그런 질문 덕분에 나는 흔들리지 않았다.

03
반대하는 사람부터 만나다

경기도 의회에서 처음 마주친 벽은 행정이었다.

행정은 절차를 중시했고, 정치는 목적을 중시했다.
행정은 시간, 정치는 속도였다. 행정은 규정이었고 정치는 필요였다.

나는 정치와 행정의 거리를 좁히려고 고민했다.
실무 조정, 분과회의, 협의회 등 다양한 회의를 통해 다른 의견을 가진 사람들을 만나고 대화하며 한 가지를 알았다.

행정과 정치의 언어는 다르지만 '사람'을 중심에 두면 연결된다고.

나는 행정에 말했다. "우리 아이들이 불안해하고 있어요. 그래서 이 정책이 필요합니다." 정치는 행정을 밀어붙이는 것이 아니라 행정과 손을 잡는 일이다. 그 이후 나는 어느 회의에서도 행정을 귀찮은 장애물로 생각한 적이 없다. 행정은 반드시 설득해야

다리를 놓는 사람 – 더불어 함께할 따뜻한 힘

하는 '동료'였다.

경기도 도의회에서 취급하는 정책은 대부분 찬성과 반대가 필연적으로 존재했다. 정치적 이해관계가 뒤엉켜 있었다. 정책을 내면 반대가 먼저 왔다. 나는 처음엔 그것이 두려웠지만 곧 방식 자체를 바꾸었다.

'반대하는 사람부터 만나자.'

그들의 말은 정책의 약점을 정확히 짚고 있었고, 정책을 더 단단하게 만들었고 갈등의 불씨를 사전에 껐다.

'함께 하는 정치'가 되기 위해선 '먼저 듣는 정치'가 선행되어야 한다.
이런 방식은 혁신교육 도시를 경기도 전체로 범위를 넓혔을 때 다른 시·군의 마음을 끌어 들이는 데도 큰 기여를 했다.

'내가 옳다'가 아니라
'당신도 옳습니다'

손을 내밀고 상대방을 존중하는 순간, 건설적인 대화가 시작되었다.

04
아이들 문제는 칸막이가 없다

경기도 의회에 오기 전 나는 '교육'이란 단어에서 학교를 중심으로 학생, 선생님 정도만 떠올렸다. 그러나, 경기도 의회에서는 교육이 단독 정책이 아니라 수십 개의 정책과 연결된 '거대한 생태계의 독립변수'임을 알게 되었다.

교통이 아이의 안전을 바꿨고, 문화가 아이의 정서를 바꿨고 복지가 가정의 분위기를 바꿨고, 지역경제가 아이의 진로를 바꿨고 환경이 아이의 건강을 바꿨다.

나는 교육과 교통, 복지, 지역계획, 문화, 경제를 한 테이블에 모았다.

사람들은 말했다.
"교육만 해도 벅찬데 왜 자꾸 다른 분야까지 만지세요?"

"아이의 삶은 칸막이가 없으니까요."
이 간결한 문장은 나의 모든 정책을 설명하는 상징이 되었다.

05
경기북부와 남부의 격차

경기도의 가장 큰 문제는 남부와 북부의 격차이다.

최근, 행정의 효율성 측면에서 대구 경북과 광주 전남 등에서 행정 통합논의가 활발하게 진행되고 있지만 경기도는 북도와 남도로 분리되어야 한다는 주장은 지금도 변함없다.

지리적으로, 서울과 한강으로 단절되어 있고 이로 인해 북부와 남부로 이동하는 것이 용이하지 못한 점을 고려할 때 다른 지자체들의 행정통합 논의와는 거리가 멀다.

나는 경기도 도의회에서 이 문제를 마주했을 때 단순한 행정 격차나 예산 격차가 아니라는 것을 알았다.

남부와 북부의 문제는 '삶의 질'의 격차였고, '기회의 격차'였고, '정치적 관심의 격차'였다.

교통 불편, 교육시설 부족, 문화 접근성 한계, 청년 인구 유출, 지역경제의 침체, 이 모든 문제가 북부에 사는 도민들의 마음을 무겁게 만들고 있다.

의정부, 양주를 포함한 경기 북부는 군사시설 보호구역, 수도권 개발 제한구역 등 중첩된 규제로 인해 사회, 경제, 문화, 교육 등에서 경기 남부와의 불균형이 심화하고 있기에 이를 해소하고자 경기북도는 반드시 설치돼야 한다고 일관되게 주장했다.

나는 이 문제를 단순한 지역 불균형이 아니라 '미래세대의 가능성을 가늠하는 구조적 문제'로 보았다. 의원 연구단체인 '경기도 평화 시대 발전 포럼' 회장으로 다양한 정책연구를 진행하며 경기북도 설치에 대한 신념이 더욱 확고해졌다.

다리를 놓는 사람 – 더불어 함께할 따뜻한 힘

06

프레임을 바꾸면 희망이 보인다

수도권의 7080 세대에게는 추억의 열차라고 불리는 '교외선'

경기 북부 고양의 대곡역에서 의정부역까지 총 32.1 KM 구간을 동서로 잇는 경기 북부의 상징적인 철도노선이다. 2004년 4월경, 이용객들이 적다는 이유로 운행이 중단되었지만 수도권 균형발전과 경기 북부 교통편의 향상을 이유로 20여 년 만(2024년 8월)에 재개통되었다.

교외선은 원래 '교통 문제'로만 다루어지던 사안이었다.

나는 교외선을 단순히 철도 연결이 아니라
사람의 흐름, 지식의 흐름, 문화의 흐름, 경제의 흐름을 되살리는 구조적 전략이라는 측면에서 교외선이 재개통되기를 바랐다.

나는 정책회의에서 다음과 같이 말했다.

"교외선은 미래세대에 기회의 지도입니다."

"교외선은 철도를 다시 잇는다는 의미 이상을 가지고 있습니다.
교육, 문화, 경제가 연결되는 겁니다. 사람이 살아나고 도시가
살아나는 길 입니다."

교외선의 프레임이 완전히 바뀌는 순간이었다.

기존의 문제를 새로운 프레임으로 전환하는 능력이 정치인에
게 얼마나 중요한지 절실하게 느낀 순간이기도 했다.

다리를 놓는 사람 – 더불어 함께할 따뜻한 힘

07
문제가 품고 있는 구조를 보았다

부모의 불화로 가정의 평화가 실종된 가정을 보면 안타깝기만 하다.

가장 큰 피해를 보는 사람은 다름 아닌 아이들이기 때문이다.

부모의 현명하지 못한 처신으로 왜 아이들이 고통받아야 하나.

가정불화를 경제적인 문제, 부모의 성향 등 개인적인 문제로만 보게 되면 정치가 도움을 줄 공간이 없다. 우리 사회의 기초단위인 가정이 흔들리면 건전한 사회라고 볼 수 없다. 정치 혹은 사회 안전망이 필요한 이유다.

복지의 시각으로 볼 때, 한 가정의 문제는 여러 가지 문제를 품고 있다.

아이들의 불안정한 정서, 경제적인 문제 등 정책의 사각지대에 놓인다.

아이들의 돌봄 체계는 잘 작동되는지, 경제적 약자를 보호할 제도는 잘 정비되어 있는지 정치가 해결해야 할 부분은 분명히 있다.

현장 활동을 하면서 문제가 발생하면 단순한 하나의 사건만 보기보다는 입체적인 측면에서 사건의 본질 즉, 구조를 보기 시작했다.

예를 들어, 어떤 아이가 계속 지각하는 문제는 개인의 성향보다는 통학버스가 너무 일찍 오거나 불규칙하게 오는 불합리한 구조 때문일 수 있다. 한 교사의 번아웃은 개인의 체력이 아니라 학교 지원시스템의 부재, 행정 업무의 과밀 때문일 수 있다.

'사람에게 벌어지는 문제는 대부분 불합리한 시스템에서 발생한다.'

나는 사람에서 문제를 찾기보다는 먼저 구조 자체가 결함이 없는지 분석하는 버릇이 생겼다. 이런 생각은 나중에 '정치적 판단'을 할 때 강력한 무기가 되었다.

다리를 놓는 사람 – 더불어 함께할 따뜻한 힘

좋은 정책은 사람들 사이로 스며든다

5

길에서 세상을 보다

– 정치는 실행이다

01
책상이 아니라
현장에서 문제가 보였다

　경기도 도의회에 등원한 후, 주요한 업무는 정책 보고서를 읽는 일이었다. 보고서를 작성한 분들의 성의가 느껴질 정도로 보고서는 늘 완벽했다.

　숫자도 정확했고, 절차도 정당했고, 계획도 논리적이었다. 그러나, 실제 현장에 가보면 보고서에서는 읽을 수 없었던 다른 풍경이 펼쳐졌다.

　아이들의 어두운 표정, 선생님들의 한숨, 학부모들의 절박한 목소리, 돌봄 공백의 현장, 예산과 제도 사이에서 갈등하는 실무자들의 고뇌.

　정치는 책상 위에서 만들어지지만 문제는 책상 위에 있지 않았다.

　'정치인은 책상에서 보고서 받는 사람이 아니라 현장으로 발을 먼저 들여놓는 사람이어야 한다.' 라는 걸 확인하는 순간이었다.

　　　　　　다리를 놓는 사람 – 더불어 함께할 따뜻한 힘

"의원님은 왜 회의를 끝내고도 현장으로 가세요?"
"왜 여기저기 뛰어다니세요? 왜 어렵게 일을 하세요. 힘들지 않으세요."

주변 사람들이 물으면 나는 웃으며 말했다.
"현장은 약속을 지키는 곳이니까요."

사람은 현장에서 살아간다. 정책은 문서로 만들어 실행되지만, 사람의 얼굴을 직접 보지 않으면 결과를 제대로 알수 없다. 그래서, 나는 사람이 있는 곳으로 걸어갔다. 문제가 있는 곳으로 향했다.

아이와 부모가 있는 곳에서 현장의 숨결을 느끼려고 했다.
찾아 다녔던 현장의 기억들이 내 정치를 만들었다.

중앙초등학교 교육환경개선을 위한 방문

02
문제는 디테일에 있다

한 초등학교 상담실에서 나는 좀처럼 말하지 않는 아이를 만났다. 아이는 집에서는 말이 많지만 학교에서는 입을 닫았다. 교사는 어두운 표정으로 말했다.

"의원님, 이 아이는 '문제 아동'이 아니라 '상처받은 아이'예요."

그 말이 가슴을 찔렀다.
상담 일지에는 그 아이가 왜 아픈지 이유가 적혀 있지 않았다.

상처받은 아이라면 적절한 치료를 해주어야 할텐데.

나는 그날 밤 교육정책 보고서를 다시 펼쳐보며 스스로에게 물었다.

"도대체 무엇이 이 아이를 침묵하게 했을까?"
처음부터 선입견을 가지고 문제를 파악하려고 했다면, 아이의 침묵 원인이 무엇인지 꼼꼼하게 살펴보지 않았다면, 해결 방법을 찾기도 쉽지 않았을 것이다.

정책의 성패는 거창한 방향이 아니라 문제를 얼마나 섬세하게 보느냐에 달려 있다.

그 디테일을 보지 못하면, 정책은 종이 위에만 남는다.

정책은 숫자로 시작할 수 있지만, 완성은 반드시 사람의 이야기에서 나온다.

나는 정서, 심리, 상담, 안전을 하나의 정책으로 묶어내는 '정서 기반 교육'을 아이의 침묵에서 고민했다.

03
우리는 인력이 아니라 인간입니다

어느 날, 한 상담 선생님이 내게 말했다.

"의원님, 저희는 단지 인력이 아니에요. 저희도 감정을 가진 사람이에요. 하루에 10명씩 상담하면, 몸이 완전 녹초가 됩니다."

듣고 보니 안타까웠다. 정책 문서 이면에 가려진 말이었기 때문이다.

학교의 심리·정서 정책은 상담교사의 어깨 위에서 버티고 있다.

그 이후, 나는 상담교사 배치율, 업무 부담, 정서 지원 체계 전반을 조사했고, 교육현장에서 정서, 심리 체계전환에 문제가 있음을 알고 본격적으로 쟁점화했다.

나는 선생님들을 만날 때마다 한 가지 공통된 말을 들었다.

"교육에 몰입하고 싶은데 사무적인 행정이 너무 많아요."

선생님 한 명이 하루에 문서 10개, 시스템 보고 7개, 총괄표, 계획서, 평가서, 일지로 하루의 절반 이상을 보내고 있었다.

"선생님, 이런 업무가 왜 필요한가요?"

그는 고개를 저었다.

"저희도 몰라요. 누군가 만들었고. 누군가 유지하라고 해서"

그 답이 정치의 필요성을 가장 명확히 보여줬다.

누군가 만들어 놓은 '정책' 때문에 현장은 고통받고 있었다. 정치는 현장을 힘들게 하는 제도를 바꾸기 위해 존재한다. 정치는 말하지 못한 사람의 목소리를 제도로 번역해주는 일이라는 걸 다시 한번 절감했다.

04

'폰 −Free', '정서안전',
'학교폭력 Zero'는 하나의 이슈

아이들의 정서 문제를 고민하던 시기에 만난 학부모가 기억났다.

자녀가 사이버 폭력으로 고통받아 밤마다 울며 잠들지 못하는 상황을 털어놓았다. 전화기 속에서 벌어지는 폭력은 교사도, 부모도 따라잡기 어려운 속도로 확산되고 있었다.

"의원님, 제발 학교 안에서는 아이들이 스마트폰 신경을 쓰지 않게 해주세요."

스마트 폰은 기술의 문제가 아니라 정서, 관계, 안전, 폭력의 문제였다. 그 문제를 해결하려면 정서회복 정책과 학교폭력 대응 정책과 상담, 멘토링 체계가 모두 하나로 엮여야 했다.

나는 정서안전, 상담, 휴대전화, 폭력예방을 하나의 정책 틀로 묶어내려고 했다. 정책의 시작은 사건이지만, 정책의 완성은 문제의 구조를 정확히 보는 것에서 가능하다.

05

집에 가면 아무도 없어요

늦은 시간,

맞벌이 가정의 아이들이 학교 복도를 배회하는 모습을 보며 나는 돌봄 정책의 현실을 다시 보게 되었다.

아이들은 말했다.
"엄마 아빠 집에 오려면 아직 멀었어요. 갈 곳이 없어서 여기 있어요."

돌봄은 복지가 아니라 기본권이다.

지역 간 돌봄 격차, 돌봄 인력의 불안정, 공백 시간이 너무 긴 구조.
나는 돌봄, 교육, 복지를 통합해야 한다고 주장했다.

행정은 판에 박힌 듯 말한다.

"그건 서로 다른 부서입니다."

나는 말했다.
"아이의 하루는 부서가 따로 없습니다."

그 한 문장으로 행정을 설득했다.

다리를 놓는 사람 – 더불어 함께할 따뜻한 힘

06

좋은 정책은 사람들 사이로 스며든다

정책은 옳고 그름보다 흐름이 더 중요하다.

현장을 찾는 일은 흐름에 문제가 있으면 흐름을 바꾸기 위함이다.
좋은 정책은 현장에서 잘 흘러가서 사람들 사이로 스며든다.

반대로, 사람들 사이로 스며들지 못하는 정책은 좋은 정책이라
고 할 수 없다.

정책이 옳아도 시기가 틀리면 무너진다.
정책이 완벽해도 현장이 준비되지 않으면 바라는 효과를 기대
할 수 없다. 정책이 필요해도 사람의 마음이 준비되지 않으면 아무
런 힘을 발휘하지 못한다.

정치는 '맞는 답'을 내는 것이 아니라
'맞는 흐름'을 만들어야 한다는 것이라는 걸 현장에서 알았다.

07
끝까지 함께 가는 사람

어느 날, 학부모가 말씀하셨다.

"의원님은 해결될 때까지 안 놔주시네요."

그 말은 칭찬보다는 기대와 응원으로 들렸다.
앞으로도 해결될 때까지 문제를 집요하게 물고 늘어져 달라고.

많은 정치인은 문제를 듣고 "알겠습니다"라고 말한다.
그러나, 해결되기 전까지 지켜보는 정치인은 그리 많지 않다.

나는 자신을 다그쳤다.
"듣는 것보다 해결이 더 어렵다는 걸 잊지 말자."

나는 문제의 시작부터 행정, 부서, 교육청, 지역사회와 함께 끝까지 가는 정치인이 되려고 노력했다.

정치는 문제를 지적하는 사람이 아니라 문제를 해결하는 사람이어야 한다.

정치는 이론으로 배우는 것이 아니라 문제를 해결하는 과정에서 배우는 것이다. 현장에서의 수많은 사건에서 해결해야 할 문제를 발견했다.

아이의 울음에서 정책이 시작되고
부모의 한숨에서 방향이 만들어지고
교사의 눈빛에서 행정의 문제를 읽고
상담교사의 지침에서 구조의 허점을 발견하고
돌봄의 공백에서 미래 교육의 필요성을 보았다.

이 모든 경험이 내게 남긴 결론은 단 하나다.
정치는 실행이다. 끝까지 가는 사람이 정치인이다.

6

정서를 읽는 정치

― 경기교육의 전환

01
아이들은 아프다고 말하지 않는다

정치를 시작하고 나는 수많은 정책을 검토했고, 숱한 예산을 들여다보았고, 수많은 사람을 만났다.

가장 기억에 남은 장면은 '눈물을 글썽이는 한 아이의 모습' 이었다.

겉으로는 아무 문제 없어 보이던 아이.
수업도 무리 없이 따라가고, 겉으로는 친구들과 말도 잘 어울리던 아이.

그러나, 상담 기록에는 그 아이가 학교에 오기 싫다는 말조차 하지 못하고 집에서 혼자 울고 있던 문장이 있었다.

"말하면.. 혼날까 봐 무서웠어요." 나는 그 문장을 읽고 서류를 덮었다.

다리를 놓는 사람 – 더불어 함께할 따뜻한 힘

정책도, 보고서도, 구조도 모두 사라졌다.
세상에서 가장 큰 문제는 그 아이의 두려움이었다.

정치는 마음을 모른 체할 수 없다.
마음을 읽지 못하면 정책은 껍데기에 불과하다.

어느 상담 선생님이 내게 말했다.

"의원님, 아이들은 아프다고 말하지 않아요.
그냥 팔짱을 끼거나, 눈을 피하거나, 책상에 얼굴을 묻거나 그런 식으로 말해요."

그 말은 정치의 언어를 완전히 바꿔놓았다.
정치는 늘 말로 이루어진다고 생각했다. 그러나 아이들의 세계는 달랐다.

침묵이 메시지였고 고개 숙임이 구조적 신호였고 가벼운 농담 속에 큰 상처가 숨어 있었고 잘 웃는 아이가 가장 위험할 때도 있었다.

나는 침묵의 언어를 읽기위해 학교, 상담실, 교무실, 보건실을 찾아 다녔다.
'정치는 말하지 못하는 사람을 먼저 봐야 한다.'

02

정서, 심리 문제는
사회 전체의 문제

초기 교육정책 검토 당시 행정 담당자는 정서, 심리 문제를 설명하며 말했다.

"의원님, 이건 학교 문제가 아니라 가정 문제, 사회 문제, 여러 요인의 복합적 영향입니다."

나는 그 말을 듣고 고개를 끄덕였지만, 오히려 그 순간 확신이 생겼다.
"그렇다면, 더더욱 학교가 중심이 되어야 합니다."

가정의 상처도, 지역의 격차도, 관계의 폭력도, 심리적 허기와 사회적 고립도 모두 학교에 모여 있기 때문이다. 아이들은 가정에서 못 하는 말, 부모에게도 못 하는 말, 친구에게도 못 하는 말, 사회가 이해해 주지 못한 말 그 모든 것을 조용히 들고 학교로 온다.

정서, 심리 문제는 국가가 해결해야 할 교육의 핵심 과제다.

03

학교 폭력이
외로움 때문이라니?

　학교폭력 대책을 논의하던 어느 날, 선생님이 내게 말했다.
　"의원님, 폭력의 시작은 대부분 외로움 때문에 생겨요. 외로운
아이가 누군가를 괴롭히고, 외로운 아이가 괴롭힘을 당합니다."

　나는 그 말에 충격을 받았다.
　학교 폭력이 외로움 때문이라니? 그럴 거라곤 한 번도 상상해
본 적이 없었다.

　학교폭력의 본질을 완전히 재정의한 것이었다.
　폭력=가해/피해의 이분법으로만 보던 행정 시스템은 이 말을
포함하지 못했다. 그러나, 현장은 알고 있었다. 친구 없는 외로움
사회적 고립, 관심을 잃은 주변 환경, 스마트폰 속 익명성의 폭력,
관계의 단절 등 모든 것이 폭력의 뿌리였다.

　나는 정책의 순서를 바꾸었다.
　폭력을 다루기 전에 외로움을 먼저 봐야 한다.
　문제의 표면이 아니라 뿌리를 보고 답을 찾아야 했다.

04
정서안전 3종 세트

경기교육에서 정서, 심리 전환 정책을 구상할 때
나는 세 가지 축을 먼저 정했다.

① 전문상담교사 확보
단순 인력이 아니라 정서 정책의 '핵심 동력'이다.

② 학생 멘토링 시스템 구축
아이들은 어른보다 또래 몇 살 위 선배에게 더 마음을 연다.

③ 학교문화 회복
학교는 지식의 공간이 아니라 '심리적으로 안전한 공동체'
이어야 한다.

정서안전 정책은 이 세 가지가 함께 움직여야 완성될 수 있었다.
정치는 구조를 완성해야 했다. 그 구조는 학생의 마음을 지켜주
는 보이지 않는 그물망이다.

정서, 심리 정책은 특성상 예산이 많이 필요했다. 행정은 움츠려 들었고, 반대하는 사람도 있었다. 나는 돌파구를 찾기위해 예전처럼 반대하는 사람을 먼저 만났다.

이것은 정서를 다루는 정책이기 때문에 설득도 정서로 해야 했다.
나는 예산을 이야기하는 않고 아이의 사례를 들려주었다.
부모의 절규를 전했다. 상담교사의 고단함을 이야기했다.

결국, 사람들이 고개를 끄덕였다.
"맞습니다. 이건 단순한 예산 문제가 아닙니다."

정치는 숫자가 아니라 사람을 움직이는 일임을 다시 확인했다.

05

'폰 – Free 운동' 의 탄생

스마트폰은 아이들의 관계를 빠르게 망가뜨리고 있었다.
상담 선생님들은 말했다.

"의원님, 휴대전화 자체가 문제가 아니라
휴대전화에 빠져드는 아이의 마음이 문제예요."

아이들은 온라인에서 상처받고도 말하지 않았다.

나는 처음으로 '폰 Free 운동'운동'에 주목했다. 이 운동은 기술
제한이 아니라 정서회복 + 관계회복 + 자기 회복을 위한 철학 기
반 운동이었다.

아이들은 휴대전화를 내려놓으며 비로소 서로의 얼굴을 보기
시작했고 책을 읽기 시작했다. 정책은 기술을 제한하지만 정치는
사람의 마음을 안정시킨다.

정치는 '상처받은 사람을 지키는 일'이다.

아이의 마음, 부모의 불안한 마음, 교사의 고단함, 상담사의 번아웃, 디지털 폭력 속 외로움까지. 그 모든 것을 이해하지 못하면 정치인은 제도를 움직일 수 없다고 본다. 정치는 마음을 모르고는 할 수 없는 일이다.

사람들의 마음을 읽는 일이 얼마나 중요한지 다시 확인할 수 있었다.

06
학교 폭력, 마음의 멍은
보이지 않는다

한 상담사는 내게 충격적 이야기를 들려주었다.
"의원님, 요즘 아이들은 폭력을 당해도 멍이 들지 않아요.
대신 사진으로, 영상으로, 말로 멍이 들고 있습니다."

딥페이크, 사이버 모욕, 단체 대화방 따돌림..
새로운 폭력들은 교사도, 부모도, 제도도 따라가지 못하는 속도
로 진화하고 있었다.

나는 깨달았다.

"이제, 학교폭력은 교실에서 일어나지 않는다."

행정체계는 아직 교실 안의 폭력만 전제로 하고 있었다.
나는 정서, 관계, 디지털 폭력을 하나로 묶는 새로운 '미래형 학
교폭력 대응 체계'를 고민하기 시작했다. 아이들의 세계에 맞는
정책이 필요했다.

다리를 놓는 사람 – 더불어 함께할 따뜻한 힘

07

구조를 다시 설계하다

경기도 교육청의 상담교사 배치율은 약 70%였다.
하지만, 상담교사들은 말했다.

"의원님, 단순히 배치율이 높다고 해결되는 게 아닙니다.
현장은 사람보다 시스템이 부족해요."

그 말이 너무 정확했다. 나는 다음 질문을 스스로에게 던졌다.

"상담교사는 학교에서 하루동안 어떤 활동을 하나?"
"상담할 수 있는 환경은 잘 준비되어 있는가?"
 이 문제에 대한 답을 분석하니 정서정책의 허점이 명확히 보였다.

행정 업무 폭증, 상담 공간 부족, 외부 전문기관과의 연계 부족,
안전망 부재, 위기학생 조기발견 시스템 미비. 나는 전문상담교
사 '배치'가 아니라 '정서정책 시스템'의 재구조화를 목표로 했다.
정치는 숫자를 채우는 것이 아니라 구조를 바꾸는 일이었다.

험한 세상 다리가 되어
(Like a bridge over troubled water)

7

나는 다리를 놓는 사람

- 다리를 놓는 정치

01

험한 세상 다리가 되어
(Like a bridge over troubled water)

아버지께서 교통사고로 일찍 하늘 소풍을 떠나시고 슬픔에 빠져있던 내게 마음의 위로를 전해준 단짝 친구가 있었다.

담임 선생님과 집에 찾아와서 곱게 접힌 편지지를 손에 쥐어 주었다.
험한 세상에 다리가 되어 주겠다는 내용이었다.

전설의 듀오, 사이몬 앤 가펑클(Simon & Garfunkel)이 부른 "Like a bridge over troubled water" 의 노래 한글 가사였다.

친구는 당시 여고생이라면 대부분 알고 있을 노래 가사로 위로와 응원의 메시지를 전해준 것이다. 그 이후, 아버지가 생각나면 그 노래를 무심결에 흥얼대곤 했다. 중독성이 있는 음과 가사가 마음속에 스며들었다.

어린이집을 운영하거나 어린이집 연합회 활동을 할 때 혹은 의

다리를 놓는 사람 – 더불어 함께할 따뜻한 힘

정활동을 하면서도 가끔 그 노래를 들으면 감정이입이 되어 나도 누군가의 다리가 될수 있겠다고 생각했다.

정치 활동을 하며 자주 듣던 말이 있다.

"의원님은 왜 늘 양쪽을 다 만나세요?"
"왜 반대하는 사람부터 찾아가세요?"
"왜 서로 의견이 다른 사람을 한 자리에 앉히려고 하세요?"

나는 웃으며 대답한다.
"정치는 다리를 놓는 일이라서요."

정확하게 표현한다면,
"다리를 놓지 않으면, 아무도 움직이지 않는다."

다리가 없으면 소통할 수 없고 문제도 해결할 수 없다.
다리를 놓는 일은 좋은 정책을 만들기 위한 정치인의 사전작업이다.

정치는 누군가를 이기는 기술이 아니라 "서로 입장이 다른 사람들을 잇는 기술"임을 경기도 의회 의정활동에서 배웠다.

회의에서 말이 부딪히면 대다수 정치인은 목소리를 높인다.

"조금만 천천히 말씀해주세요. 지금 서로의 말을 놓치고 있습니다."

그 말은 단순한 조정이 아니라 갈등 해결의 시작이다.

정치는 기술이 아니라 말을 연결하는 감수성이 필요하다.

어떤 사람은 숫자로 말하고, 어떤 사람은 감정으로 말하고, 어떤 사람은 경험으로 말한다. 나는 서로 다른 그들의 표현을 이어서 하나의 정책으로 만드는 역할을 했다. 정치인이 해야 할 가장 중요한 일이니까.

험한 세상에 다리가 되주거나,

사람과 사람, 지역과 지역, 현재와 미래 사이에 다리가 되어주는 일.

바로, 정치인이 해야 할 역할이라고 생각한다.

다리를 놓는 사람 – 더불어 함께할 따뜻한 힘

02

충의공 정문부 장군을
기억해야 한다

의정부 용현동에는 임진왜란 때 의병장 충의공 정문부의 위패
와 영정을 모신 '충덕사'가 있다. 경내에는 정문부의 묘와 신도비,
북관대첩비 복제비가 있다.

임진왜란 하면 통상 이순신 장군이나 권율 장군, 한산도대첩,
행주대첩 등은 떠올리지만 정문부 장군과 북관대첩에 대해서는
모르는 분들이 많다.

그런 이유로, 2005년 10월 12일 언론을 통해 '북관대첩비 반환'
이 남북 간에 합의되었다는 소식이 발표되었을 때 "북관대첩비가
뭐야?" 하고 궁금해하던 분들도 꽤 있었다.

북관 대첩비는 임진왜란 때 북평사 정문부가 의병을 일으켜 함
경도(북관)에서 가토 기요마사가 이끄는 왜병들을 격파한 것을
기념하기 위하여 세워진 승전비이다.

1905년 일본군에 의해 반출된 뒤 행방을 알 수 없었다. 이후, 동경 야스쿠니 신사에 있다는 사실이 알려지면서 반환 운동이 시작되었다. 27년간 반환 운동 끝에 2005년 10월 20일 반환되어 지금은 함경북도 길주군, 현재의 김책시 본래의 자리로 안치되었다.

북관대첩의 주인공인 정문부 장군의 묘가 경기도 제 37호 기념물로 지정되어 의정부에 있다.

2019년 경기도의회 교육기획위원회에서 의정활동 시절, 해주정씨 송산종중(충의공파) 문중으로부터 정문부장군 묘역에 외삼문을 설치해달라는 민원이 접수되었다.

묘역 출입부에 외삼문이 부재하여 사당과 외부 구분이 되지 않은 상태에서 외부인 출입제한 한계와 문화재 훼손 등 관리위험이

제1회 충의공 도전골든벨 모든 참가자들과 함께

다리를 놓는 사람 – 더불어 함께할 따뜻한 힘

제1회 충의공 예술제
외삼문 설립(설치) 기념으로
시민교육 거버넌스 사례

제1회 충의공 도전골든벨 출제위원장으로
행사를 마친 후

상존한다는 이유였다. 문화재로서의 격을 갖추고 보존을 위해 외삼문이 설치되어야 한다고 판단했다.

경기 북부 지역에 우리 학생들과 시민들을 위한 문화재 교육과 체험학습장이 필요하다고 판단 2년여간 현장실사가 이루어졌다. 역사적 보존가치 당위성과 교육적 효과 등에 관해 문화재 심의위원회에 설명하고 끈질기게 설득했다. 그 결과, 예산확보와 문화재 심의가 조건부 가결 되었고, 시민주도 충의공예술제를 3회 개최했다.

임진왜란 때 나라를 구하기 위해 큰 공을 세우신 정문부 장군의 자취인 충의공 묘소는 의정부 시민의 자랑으로 역사적 교육 현장으로 장군의 용맹과 애국정신을 계승 발전시키는데 잘 보존되어야 할 기념물이다.

* 외삼문(外三門) 사당이나 제실에 쓰는 3칸 문, 가운데 문은 혼이 드나드는 문이고 사람은 동쪽문으로 들어가서 서쪽 문으로 나온다.

03
정책은 '협치 테이블'에서 만들어진다

경기도의회에서 내가 만든 가장 중요한 변화는 '협치 테이블'이다.

어느 날 있었던 협치의 현장을 떠올려본다.

테이블에는 교육청, 도청, 도의회, 지역사회, 전문가, 현장이 한 자리에 모였다. 처음에는 대부분 긴장하거나 불편한 표정이 역력하다.

효과적인 소통을 하려면 회의 분위기부터 바꿔야 한다.
자기 입장만 주장하려는 것이 아니라 도민을 위한 좋은 정책을 만들려고 모였으니까.

"바쁘신데 시간 내주셔서 고맙습니다.
저는 제 의견을 잠시 내려놓겠습니다. 여러분의 생각을 먼저 들려주세요."
정치인은 자신의 옳음을 주장하는 사람이 아니라

다른 사람의 옳음을 인정하는 사람이어야 한다.

내가 말하고 싶은 메시지는 간결하고 명확하다.
"전적으로 옳은 건 없습니다. 필요한 건 모두가 수긍할 만한 대안이니까요."

서류만 바라보고 있던 참가자들은 고개를 들고 입을 열기 시작한다.
행정은 절차의 한계를 이야기하고 교사는 현장의 어려움을 말한다.
학부모는 불안을 말하고, 예산 담당자는 수치를 제시하고, 전문가들은 구조의 문제를 토로한다. 나는 사람의 문제를 말한다.

시간이 지나면서 테이블을 사이에 두고 공통분모를 찾으려는 대화의 열기가 뜨겁다. 자기 입장만 주장하고 상대방의 귀 기울이지 않으면 접점을 찾기는 불가능하다. 이런 과정을 통해 하나의 정책이 나왔다. 협치의 성과물이다.

정책은 혼자 만드는 것이 아니라
함께 맞춰가는 과정이라는 것을 확인하는 순간이다.

테이블 토론이 경기도정의 핵심 동력이 되었다.
나는 의정활동 기간동안 양쪽의 의견을 듣고 그 사이에 다리를 놓는 정치에 집중했다. 정치는 옳고 그름의 문제가 아니라 '함께 갈 수 있는 해답'을 만드는 과정이기 때문이다.

04
경기 북부 10개 지역을
하나로 연결하는 다리

누가 형이든 동생이든, 어디에 산다는 이유만으로
한쪽은 잘 살고 다른 한쪽은 사는 게 힘들면 어찌 봐야 할까

경기도 북부와 남부의 격차가 딱 이런 상태다.
수도권에 포함되지만 수도권의 혜택을 온전히 누리지 못하는
지역.
경기도지만 삶과 교육의 질이 경기도 남부에 비해 현격히 떨어
지는 지역.

경기도의 큰 문제 중 하나는 북부의 고립이다.
지리적 고립, 교통 불편, 인프라 부족, 문화 공백, 진로 기회의
부재 등.

북부 주민들은 불평한다.
"우리는 늘 '어딘가 사이'에 있습니다."
"우리는 서울도 아니고, 경기 남부처럼 혜택이 많은 경기도도

다리를 놓는 사람 - 더불어 함께할 따뜻한 힘

아니라고"

　나는 경기도 북부의 문제를 단순한 '지역균형'이 아니라 기회 불평등, 미래 불평등, 교육 문화 불평등의 문제로 바라보았다. 그런 관점에서 보니 무늬만 교육특구가 아니라 지역경제, 문화, 관광, 진로, 교통을 연결하는 입체적 지역재생 프로젝트가 대안처럼 보였다.

　나는 주장했다.
　'북부의 문제는 예산이 아니라 적절한 프레임 부재라고.
　교육, 문화, 경제의 프레임으로 다시 짜야 한다고.'

　많은 분이 동감했다.
　"맞아요. 이 문제는 새로운 프레임이 필요해요."

　경기도 북부는 따로따로 분리된 지역이 아니다.
　공통의 문제를 가지고 있는 결합체인 만큼 하나의 다리로 연결되어 있다.
　각 분야의 프레임별로 북부지역이 함께 고민해야 한다.

　경기도 북부의 잠재적인 발전역량은 무한하다.

05
교외선, 관계의 흐름을 되살리는 혈맥

2019년 6월 25일 경기도의회 본회의장. 발언 기회를 얻어 연단에 섰다.

"만약, 경기도가 경기 북도와 경기 남도로 나뉘어졌다면 북부의 교외선 복원은 벌써 추진이 돼 운행되었을 것입니다.

북부 주민의 고통을 외면하고 남부 중심으로 사고하는 도 집행부에 대해 해당 지역 주민들이 점차 불신하고 있습니다.

교외선이 지나가는 지역이 대부분 그린벨트와 군사 보호구역으로 묶여 있던 탓에 발전이 더뎠고 상권 형성과 관광 명소 개발이 거의 불가능했습니다."

도 의원들과 도청 공무원을 대상으로 경기 북부 도민의 염원을 담아 교외선 재개통을 촉구하는 연설을 했다. 마침내, 2025년 1월 11일 교외선이 재개통되는 감격의 순간을 맞이했다.

다리를 놓는 사람 – 더불어 함께할 따뜻한 힘

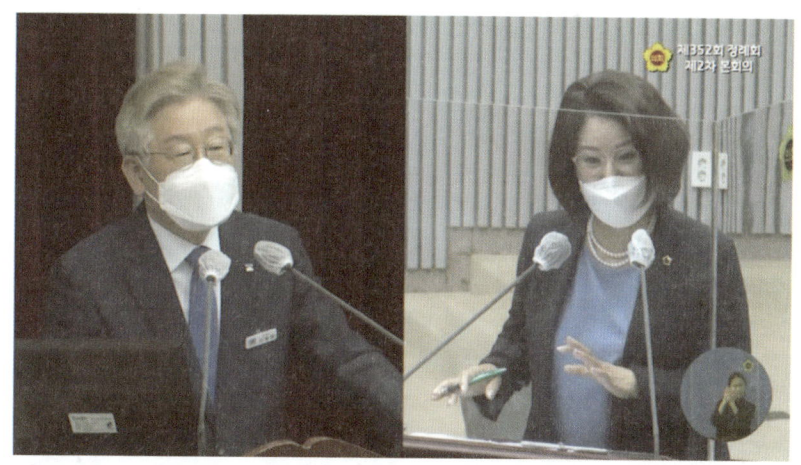

2021년 6월 10일 이재명 도지사를 대상으로 한 교외선 관련 도정질문
이후 2025년 1월11일 재개통 되었다 <사진출처 : 경기도의회 홈페이지>

교외선 재개통 문제는 지역 어르신과의 약속을 실천하는 5분 발언에서 시작되었다. 교외선은 국가철도망 계획에 존재하는 철도 노선이지만 운행적자로 중단된 노선이었다

나는 교외선을 보고 다른 그림을 그렸다. 단순한 철도가 아니라 사람과 도시의 흐름을 다시 잇는 생명선으로 보았다. 지역경제, 문화관광, 청년 일자리, 교육기회, 도시재생, 접경지역 균형발전, 이 모든 것이 교외선으로 연결되었다. 나는 정책 회의에서 이렇게 말했다.

"교외선은 교육의 문제를 넘어 경기 북부의 미래를 잇는 다리입니다."
그 말은 이전 정책 프레임을 완전히 바꾸는 말이었다.

정치는 문제를 재정의하는 순간에 힘을 가진다.

교외선을 '철도 문제'에서 '사람, 문화, 경제, 교육, 관광과 연결된 문제'로 바꾸자 모든 게 움직이기 시작했다.

교외선 재개통을 염원하는 바램으로 시민들과 함께 철로 위를 걸어 보던 날

다리를 놓는 사람 – 더불어 함께할 따뜻한 힘

06

누가 가장 많이 아파할까

정치에서 가장 어려운 순간은 이해관계가 정확히 반으로 갈릴 때다.

누군가를 선택하면 반대편은 반드시 상처받는다.
그래서, 결정의 순간마다 마음이 무거워진다.

그럴 때마다, 나는 선택의 기준을 분명히 한다.

"누가 이익을 보느냐가 아니라 누가 더 아픈가를 보자."

이 기준은 갈등 해결 과정에서 놀라운 힘을 발휘했다.

정치적 효율성보다 사람의 고통을 먼저 본 결정은 늘 시간이 조금 더 걸렸다. 대신 결과는 훨씬 단단했다.

사람들은 내게 말했다.

"의원님은 편을 들지 않네요."
"의원님은 누구도 버리지 않네요."

그 말이 내게는 칭찬으로 들렸다.

정치는 사람을 나누는 데 쓰이는 기술이 아니라 사람을 더 많이
잇는 책임이어야 한다. 언제나 가장 아픈 사람의 손을 먼저 잡는
데서 시작되어야 한다.

어떤 문제를 해결해야 할 때, 문제 안에 있는 고통의 주체부터
보았다.

같은 사안이라도 누가 가장 아픈지부터 파악해야 무엇을 해야
할지 방향이 잡혔다.

교육정책은 아이들의 얼굴을,
복지정책은 가정의 표정을,
교통정책은 통학하는 발걸음을,
지역정책은 주민들의 하루를 봐야 한다.

문제보다 고통을 먼저 보면 정치는 방향을 잃지 않는다.
그 원칙은 나의 모든 판단 기준이 되었다.

다리를 놓는 사람 – 더불어 함께할 따뜻한 힘

07
다리 정치는 미래정치의 모델이다

정치는 이기고 지는 게임이 아니다. 누군가를 누르고 올라서는 구조도 아니다. 정치는 서로 다른 생각을 하는 사람들이 공동의 목적을 향해 건너갈 수 있게 다리를 놓는 일이다.

교외선이 재개통이나 북부 10개 지역 전략, 정서·심리 정책이나 학교폭력 대응 체계, 교육, 교통, 문화, 복지를 연결하는 구조가 그렇다. 정치는 이제 '양쪽 중 하나'를 고르는 리더쉽이 아니라 '양쪽을 넘나들며 연결하는 리더쉽'이 요구된다. 나는 그 역할을 맡을 준비가 되어 있었다.

정치는 갈등을 피하는 일이 아니라 갈등 사이를 지나가는 일이다.

'정치는 다리를 놓을 때 가장 정치답다.'

나는 사람과 사람 사이에, 지역과 지역 사이에, 행정과 정치 사이에, 정책과 현장 사이에 갈등과 해결 사이에 다리를 놓고 싶었다.

그리고, 그 다리 위로 아이들이 웃으며 걸어가고 부모들이 안심하며 걸어가고 교사들이 지지받으며 걸어가는 미래를 만들고 싶었다.

 정치는 늘 말한다. "준비가 되면 시작하자."

 그러나, 나는 알고 있다.
 미래는 준비가 되기를 기다려주지 않는다.
 미래는 이미 왔고 아이들은 이미 그 미래 속에 살고 있다.

 나는 정치가 미래를 막는 구조가 아니라 미래로 향하는 다리가 되어야 한다고 믿었다. 그 다리는 경기도가 가장 빠르게 놓을 수 있다.

　　　　　　　　　　다리를 놓는 사람 – 더불어 함께할 따뜻한 힘

미래는 학교 밖에서 먼저 온다

8

미래를 여는 경기교육

– 공학, 창의, 포용, 실용의 경기형 혁신모델

01
몽실 학교를 아십니까?

북유럽의 '핀란드'는 세상에서 가장 성공적이고 혁신적인 교육 모델을 가진 나라다.

평가보다는 학생 개개인의 성장과 학생 스스로 계획하고 배우는 습관을 중시하는 교육으로 성과를 보여주기 때문이다. 학생들의 자율성과 책임감이 얼마나 중요한지 보여주는 대표적인 사례이기도 하다.

나는 경기 교육 혁신 모델로 '몽실학교'에 주목했다.

몽실학교는 '자신이 하고 싶은 것을 통해 세상을 이롭게 하자'는 뚜렷한 목적을 가지고 있다. 이름처럼 학생들이 꿈을 스스로 실현하고 만들어가는 공간이라는 의미를 담고 있기도 하다.

정규 교육과정을 배우는 곳은 아니지만, 청소년들이 스스로 배우고 싶고 해보고 싶은 걸 직접 기획하고 실행하는 학생 중심의 자율 주도형 배움터이다.

학생들이 스스로 꿈과 진로를 찾아가는 교육활동을 진행한다.
요리, 목공, 예술 등 다양한 분야를 배우거나 정책 아이디어 제
안, 문화활동, 사회 경험 프로젝트까지 진행할 수 있다.

2016년, 처음으로 의정부에서 시작된 뒤 고양, 성남, 안성, 김포
등 경기도 여러 지역으로 확산해 지금은 지역사회와 연계한 마을
교육 공동 프로젝트 모델로 진화하고 있다.

의정부 시의회 의장으로 일할 때, 학부모, 학생들을 대상으로
'비몽사몽 토론회'를 진행하던 중 학생들이 지역 내에서 자치활
동을 할 수 있는 공간이 필요함을 절감했다.

당시 의정부에 있던 경기북부교육청이 미군기지 반환 공여지

몽실학교 온라인 토론회

로 이전하게 돼서 잉여 공간으로 남게 되었다. 도의회 의장께 이 공간을 쓰게 해달라고 요청했고 이재정 교육감과 협의를 통해 공간을 지원 받았다.

도의원이 되고 나서 몽실학교가 취지에 맞게 잘 운영되었으면 하는 바람으로 몽실학교 확대 및 발전 방안에 대한 토론회를 개최하거나 몽실학교 확산을 위해 몽실학교 설치. 운영 조례를 만

다리를 놓는 사람 – 더불어 함께할 따뜻한 힘

들기도 했다.

몽실학교는 프로그램 기반으로 확산 중이다.

마을 공동체와 연대하여 마을 교육으로 진화하고 있다.

몽실학교가 경기교육의 큰 축이었던 혁신교육의 실천장으로 학생자치활동, 학생주도학습을 할 수 있는 대한민국 교육의 미래라고 자부한다.

도의회에서 의정활동을 할 때, 별칭으로 '몽실의원'이라고 불리기도 했다.

기분 좋게 들었다.

몽실학교 전도사로 인정받은 거 같아서.

02

미래는 학교 밖에서 먼저 온다

미래는 학교가 준비될 때까지 기다려주지 않는다.

기술은 이미 학교 밖에서 아이들의 삶을 바꾸기 시작했다.

AI는 교과서를 넘어서서 아이들의 하루에 스며들었고, 디지털 세계는 아이들의 관계, 정체성, 진로를 흔들었다. 반도체, 전기, 로봇, 바이오, 데이터 산업은 미래를 넘어 이미 '현재'의 일터가 되고 있었다.

학교는 여전히 과거의 방식으로 아이들을 평가하고 있었고 교육행정은 미래보다 규정을 먼저 보았다. 나는 그 간극이 너무나 아팠다. 아이들은 미래로 달려가는데 정책은 과거에 묶여 있었다.

'미래가 먼저 오는 시대, 교육은 미래를 끌어오는 것이 아니라 미래의 속도를 잇는 시스템으로 바뀌어야 한다.'

이 철학이 경기형 교육혁신의 출발점이었다.

03

미래를 대비하기 위해
무엇을 가르쳐야 하나

미래 교육을 고민할 때마다 나에게 가장 먼저 던지는 질문이 있었다.

"교육은 무엇을 가르쳐야 하는가?"

지식은 더 이상 교육의 중심이 아니다. AI는 이미 지식의 전달을 넘어서 지식을 정리, 분석, 조합하는 기능까지 수행하고 있었기 때문이다.

그러나, AI는 아이의 마음을 읽지 못하고 관계를 가르치지 못하고 아픔을 이해하지 못하고 정의를 고민하지 못한다.

미래 교육은 기술을 가르치는 것이 아니라 기술과 함께 살아갈 수 있는 '사람'을 기르는 교육이어야 했다.

문제를 해결하는 능력, 타인과 다르게 생각하는 창의, 함께 살아가는 포용, 새로운 산업을 배우는 실용, 자신의 삶을 설계하는 진로, 불확실성을 견디는 마음의 힘 등. 이 모든 것을 담아야 미래 교육이 완성된다.

나는 이 철학을 가지고 정책으로 소통하기 시작했다.

다리를 놓는 사람 – 더불어 함께할 따뜻한 힘

04
경기형 교육 혁신모델

'교육은 지역과 함께 성장해야 한다.'

경기교육은 경기도라는 거대한 도시, 경제, 문화, 산업, 생태계 속에서 이루어진다. 나는 교육을 학교 중심이 아니라 지역 중심, 산업 중심, 미래 중심으로 재설계했다.

미래 교육은 교실 안에서만 만들어지지 않는다. 지역이란 거대한 교실에서 이루어진다. 기업과 대학이 교육의 동반자가 되어야 한다. 지자체가 교육의 플랫폼이 되어야 한다.

이 철학을 기반으로 나는 '경기형 혁신 모델'이란 틀을 만들었다.

경기형 혁신 모델 4축에 대한 기대

창의 – 스스로 질문하고 문제를 탐구하고 대안을 만드는 능력
포용 – 다른 배경의 친구를 이해하고 상처를 회복하고 관계를
　　　　　이어가는 능력.

실용 - 미래산업·기술·지역경제와 연결되는 기반 학습 능력.

성장 - 학생의 삶 전체를 확장하는 진로, 정서, 학습이 통합된
삶 전체의 성장구조.

위 4가지가 '공학 기반 미래 교육'으로 연결되어야 한다고 보았
다. 4차 산업혁명과 AI 시대의 중심은 결국, 공학(Engineering)이
기 때문이다.

네 가지가 연결될 때 경기교육이 대한민국의 미래를 선도할 수
있다고 믿었다.

다리를 놓는 사람 – 더불어 함께할 따뜻한 힘

05
공학 기반 미래교육

경기도는 반도체, 전기, 전자, AI, 로봇, 모빌리티, 바이오 등 다양한 미래산업이 밀집한 지역이다

"그럼에도 불구하고,
왜, 경기 교육은 경기도의 산업을 활용하지 못하고 있는가?"

정책, 학교, 교육행정은 산업을 '외부 요소'로 취급하고 있기 때문이다.

미래 교육은 산업과 교육의 벽을 허무는 데서 시작된다.

경기도는 대한민국에서 가장 먼저 공학 기반 교육모델을 만들 수 있는 지역이다.

내가 생각하는 구체적인 모델은 아래와 같다.

① AI, 반도체, 전기, 전자, 통신 특화 일반고 모델

특목고·특성화고가 아니라 일반 학생도 '공학의 언어'를 배우는 새로운 학교 모델.

② 미래교실(스마트랩·팩토리랩·AI실습실)

실험·설계·제작·협업 중심의 실용형 교실.

③ 대학·기업·연구소와 연계된 진로교육

삼성·SK 하이닉스·카이스트·한양대·경기대 등과의 진로·산학 플랫폼.

④ 고교학점제의 실효적 운영

선택과목을 늘리는 것이 아니라 '미래 과목을 설계하는 방식'으로 전환.

⑤ 지역 캠퍼스형 학교

한 학교가 지역 전체의 혁신 허브가 되도록 설계. 이 모델들은 단순히 고교 과정의 확장이 아니라 경기도의 미래 경제와 청년의 일자리를 잇는 **미래 성장 생태계** 구축 전략이었다.

다리를 놓는 사람 – 더불어 함께할 따뜻한 힘

06

경기 북부 교육의 미래

북부 지역은 지리적 고립과 교통 불편 때문에 '기회 부족'이라
는 구조적 문제를 갖고 있다. 나는 북부의 문제를 단순한 교육 문
제가 아니라 지역 전체의 미래 문제로 보고 다음 전략을 구상했다.

북부형 공학 특화 고교 네트워크 7개 지역
각각의 산업·문화·지리 특성을 반영한 교육특구 기반 미래
학교 모델.

북부형 진로·취업 플랫폼

각 지역의 기반 산업(관광·평화·물류·국방·접경산업 등)을
활용한 진로 모델.

북부-남부-서울을 잇는 교외선 기반 교육권 확장

교외선이 단순한 철도가 아니라 미래 교육권 확장의 핵심
인프라임을 강조.

나는 이 전략을 '지역 균형'이 아니라 '기회 균형 교육'이라고 정
의했다.

경기 북부의 미래는 아이들의 기회 균형에서 시작된다.

　　　　　　　　　　　다리를 놓는 사람 – 더불어 함께할 따뜻한 힘

07
미래교육 성공을 위한 선행조건

미래 교육은 아이들의 정서적인 안정이 선행되어야 한다.

정서가 불안정한 아이는 AI 수업도, 공학 실습도, 진로 선택도 모두 부담이 된다. 미래 교육과 정서교육이 반드시 함께 설계되어야 한다.

정서안전, 상담, 멘토링, 학교폭력 예방, 사이버폭력·딥페이크 대응 폰프리 운동, 관계 회복 프로그램, 이 모든 것이 미래 교육의 '기반 레이어'였다.

미래 교육은 지능, 기술의 문제가 아니라 사람의 문제라는 인식을 정치와 교육에서 끝까지 지키고자 노력했다.

구조를 보면 전체가 보인다

9

나의 정치철학

– 책임, 신뢰, 실행

01
아이의 시선으로 바라보기

정치를 하면서 내가 내세운 정치철학은 '세상을 바꾸는 따뜻한 힘'이었다.

모성 리더쉽이라는 추상적인 구호로 듣기좋은 말을 하려는 게 아니다.

따뜻한 힘은 시민들과 함께하는 가운데 나오는 거라고 생각했다.

정치인은 사람 앞에 서는 것이 아니라 사람을 향해 함께 서 있어야 한다는 것을 알았다.

누군가를 대표하기 위해서는 그들의 마음을 알아야 하고 진심으로 다가서려는 모습을 보여야 한다. 사람의 삶을 들여다보고 일상의 불편, 불안, 부조리를 해결하기 위해 책임지는 자리다.

늘, "사람이 나를 부른 자리"로 갔다.

다리를 놓는 사람 – 더불어 함께할 따뜻한 힘

현장이 나를 불렀고, 부모의 눈물이 나를 불렀고, 아이들의 침묵이 나를 불렀고, 선생님의 한숨이 나를 불렀다.

정치란 사람이 부르면 그 앞에 서는 일이다.
그것이 내가 선택한 정치이자, 내가 책임져야 할 정치다.

청소년 진로 상담

나는 정치를 하며 세 가지 원칙을 고수했다.

① 책임
문제를 끝까지 붙든다.

② 신뢰
사람을 속이지 않는다.

③ 실행
말이 아니라 행동으로 증명한다.

이것들은 내 정치의 뿌리이며 앞으로 계속 고수하려는 기준이다.

정치의 목적은 권력도, 명예도 아니다. 정치의 목적은 사람의 삶을 바꾸는 일이다. 그 변화는 책임. 신뢰. 실행이라는 세 단어에서 시작된다.

한편, 어떤 문제에 다가갈 때는 아이의 시선으로 바라본다.
아이의 관점으로 보면 정치가 얼마나 본질에서 멀어져 있는지 잘 보이기 때문이다. 아이들은 말한다.

"학교 가기가 두려워요."
"어른들은 왜 자꾸 싸우는 거예요?"
"가끔은 집보다 학교가 더 편할 때도 있어요."

다리를 놓는 사람 – 더불어 함께할 따뜻한 힘

"어른들은 왜 우리를 믿지 못하죠. 간섭하는 게 싫어요."

아이들의 말은 정치의 거울이다.
정치는 아이의 시선에서 다시 태어나야 한다.

이런 생각들이 경기형 혁신, 정서 정책, 미래 교육, 지역 균형 정책의 중심이 되었다.

02
갈등은 문제 해결의 출발선

경기도 의회는 거대한 용광로였다.

작은 정책 하나에도 수백 개의 의견, 부서, 기관, 이해관계가 얽혀 있는 경우가 부지기수다. 정책을 꺼내는 순간 갈등이 동시에 튀어나왔다. 갈등이 쏟아지는 자리에서는 비관적인 소리만 들렸다.

"이건 불가능합니다."
"이건 원래 그렇게 해왔습니다."
"이건 우리 부서 일이 아닙니다."
"이건 선례가 없습니다."
"예산을 먼저 보셔야 합니다."

이럴 때는 현장에서 배운 감각이 튀어나온다.
갈등은 정치의 실패가 아니라 정치가 필요한 이유라는 것.
갈등을 피하면 길은 막혔지만 들어가면 길이 보였다.
나는 갈등의 해결 방식 자체를 바꿔 보았다.

"갈등이 생기면 회의실로 오지 말고, 나와 함께 현장부터 갑시다."
그 방식은 조금 더디더라도 언제나 통했다.

갈등을 피하는 정치인은 원칙(原則)이 없는 정치인이다. 나는 갈등을 마주할 때마다 먼저 현장으로 찾았다. 회의실에서의 갈등은 현장에서 이미 오래전부터 시작된 것이기 때문이다. 갈등은 정치가 필요한 이유다.

갈등이 없는 곳이라면 정치가 설 자리는 없다.
그래서, 나는 갈등으로 들어가서 합의로 나오는 정치를 했다.

그 과정에서 얻은 교훈은 단순하지만 깊다.
"갈등을 피하면 문제는 커지고 갈등으로 들어가면 문제는 작아진다."

갈등은 실패가 아니라 시작이다.

03
나는 생활정치를 추구한다

'텔레그램 N번방 사건' 등 디지털 성범죄 발생으로 관련 법령이 개정되고 도의회 차원에서도 대책이 필요한 시기였다. 경기도 교육청 차원에서 시행할 디지털 성범죄 예방 대응 교육 및 피해자 보호 지원 근거를 준비할 필요가 있었다.

상담 교사를 만나서 의견을 구했다.

"문제가 생겨도 아이들이 바로 말하지 않습니다.
친구들이 알게 될까, 학교에 소문이 날까 두렵기 때문이죠."

디지털 성범죄의 경우, 피해 사실이 온라인에 남아 아이들에게는 끝나지 않는 불안으로 이어진다고 했다. 삭제 요청, 증거 확보, 보호 조치까지 모든 과정이 학생과 교사 모두에게 큰 부담이라는 현실이 안타깝기만 했다.

"아이를 보호하고 싶어도 학교의 역할이 어디까지인지 고민하

다리를 놓는 사람 – 더불어 함께할 따뜻한 힘

게 됩니다."

그 말속에는 제도의 경계 앞에서 망설일 수밖에 없는 답답한 현실이 담겨 있었다.

그날의 대화로 많은 질문이 꼬리에 꼬리를 물고 이어졌다.

피해를 겪은 학생이 가장 먼저 기대는 곳은 어디일까?
정작, 불미스러운 일이 발생하면 충분히 준비되어 있는가?
예방을 위한 교육 및 피해자 지원 계획은 어떻게 수립할까?
피해자 보호, 지원은 어떻게 어떤 방식으로 할까?
관계 기관과 협력체계를 구축하는 문제 등.

이후, "경기도교육청 디지털 성범죄 예방 및 교육에 관한 조례안"이 교육기획위원회 심의를 통과해 본 회의에서 최종의결 되었다.

대화의 장이 생기면 다양한 이야기가 나오고 질문과 고민이 따라간다.
조례를 심의할 때 관련 분야에서 일하시는 분이나 시민을 찾아가 의견을 듣곤했다.

대화를 통해 내 생각이 상대방에게 어떻게 받아들여지는지, 상대방의 생각은 무엇인지 확인할 수 있었다.

혼자 고민하는 시간도 필요했지만, 대화의 시간은 언제나 정책 수립에 도움을 준다. 의정활동을 하는 회기에는 오롯이 의회에 집중했고 회기가 끝나면 가급적 현장을 찾아가 다양한 의견을 들었다.

정치인과 생활 현장은 물과 물고기의 관계다.

물이 없으면 물고기가 살 수 없듯이, 생활 현장의 목소리에 귀 기울이지 않으면 정치인은 정치인의 자격을 포기한 것이나 다름 없다.

다리를 놓는 사람 - 더불어 함께할 따뜻한 힘

04

제가 책임지겠습니다

나는 어떤 일을 하기로 마음먹으면

"제가 해보겠습니다."라고 하지 않고
"제가 책임지겠습니다."라고 말한다.

책임은 정치인의 권력이 아니라 정치인의 무게다.

한 번 책임을 진 일은 끝까지 책임졌다. 중간에 포기한 적이 없다.

사람은 정치인이 무엇을 약속했는지보다
그 약속을 얼마나 오래 붙들고 있는지를 본다.

정치인이라면 책임지는 것을 두려워하지 않아야 한다.

05
거짓말을 하는 정치는
껍데기 정치다

나는 지금까지 거짓말을 한 적이 없다고 말하고 싶지만 그 말을 하기가 조금 두렵다.

거짓말을 한 적이 있음에도 기억나지 않을 수도 있고 아주 사소한 거짓말을 한 경우를 거짓말로 생각하지 않을 수도 있으니까

그럼에도, 나는 말하고 싶다.
정치를 하는 사람은 거짓말을 하면 안 된다고.

의정활동 중에 나는 그런 마음가짐으로 정치를 했다고.
(솔직히, 정치를 하면서 거짓말을 한 기억은 없다.)

정치를 한다면 누구든 속여서는 안 되기 때문이다.

신뢰는 시간이 지나면 정치인의 가장 큰 자산이 된다.
반대로, 거짓말을 하는 정치인은 결국 퇴출당할 수밖에 없다.

다리를 놓는 사람 – 더불어 함께할 따뜻한 힘

나는 신뢰를 잃지 않기 위해 다음 두 가지를 철칙으로 삼았다.

① 사실대로 말할 것
듣기 좋은 말보다 정확한 말이 더 중요하다.

② 절대 과장하지 않을 것
정치는 약속을 크게 만드는 것이 아니라 지킬 수 있는 약속을 쌓는 것이다. 정치는 신뢰를 기반으로 만들어지는 긴 호흡의 작업이다.

06
구조를 보면 전체가 보인다

정책을 고민할 때 벽에 가로막히는 경우가 많았다.

당시 발생한 현상만 분리해서 보거나 사람의 문제로만 문제를 파악했기 때문이다.

사람만 본다고 문제가 해결되는 건 아니었다.
사람의 문제는 대부분 시스템에 의해 반복된다.

돌봄 공백은 '부서 분절' 때문에 생기고 학폭 문제는 '학교-가정-지역 시스템 단절' 때문에 반복되고 정서 문제는 '상담, 멘토링의 구조 부재' 때문에 누적되며 지역 격차는 '기회 구조 부재'로 이어진다.

나는 사람의 문제를 해결하기 위해구조를 움직이는 정치를 하기로 했다.

정치는 구조를 움직일 때 가장 큰 힘을 발휘한다.

사람을 위해 구조를 바꾸는 정치.

그것이 내가 지향하는 정치다.

정치는 누군가에게 기회를 줄 뿐만 아니라 기회의 구조를 넓히는 일이기도 하다.

교육정책에서는 이 철학이 절대적으로 중요하다.

북부 7개 지역의 기회 격차

지역별 문화 접근 격차

학생 간 진로 정보 격차

학교별 선택과목 격차

산업 접근성의 격차

정서, 상담 자원의 격차

정치는 이 격차를 메워주는 역할을 한다.

기회를 넓히면 사람은 반드시 성장한다.

07
미래 지향적인 정치를 위하여

정치인은 종종 과거를 기준으로 판단한다.
그러나, 나는 그렇게 하지 않는다.

내 정치의 기준은 항상 '미래'였다.

사회적 경제 교육을 위한 다짐

다리를 놓는 사람 – 더불어 함께할 따뜻한 힘

미래의 아이들
미래의 교육
미래의 산업
미래의 지역
미래의 일자리
미래의 생활환경

정치인의 모든 결정은 미래세대가 살아갈 세상을 만들기 위한 것이다.

정치는 어른을 위한 것이 아니라 미래를 살아갈 아이들을 위한 일이다.

사이공간(문화재단) 워킹맘 사업장에서
청소년 진로 프로그램 참여

진심·정의·실행·실용의 정치철학

10

다시,
정치를 하려는 이유

01
정치는
직업이 아닌 책임
(조카가 고모께 드리는 글)

조카와 함께한 순간

존경하는 고모께

　내가 초등학생이던 시절, 고모께서는 정치의 길에 첫발을 내딛으셨습니다.

　그 무렵의 저는 정치가 무엇인지 정확히 알지 못했지만, 사람들 앞에 서는 고모의 태도와 말 한마디 한마디를 통해 '책임'이라는 단어를 몸으로 배우기 시작했던 것 같습니다. 정치란 누군가의 삶을 끝까지 들여다보는 일이라는 것을 처음 깨달았습니다.

　고모께서는 오랜 시간 아동복지와 사회복지 현장을 중심으로 묵묵히 걸어 오셨습니다. 말보다 현장을 먼저 찾으셨고 수많은 결정의 순간마다 기준은 언제나 사람이었습니다. 그 중심에는 늘 가장 약한 이들이 있었습니다. 화려한 수사보다 조용한 실천을 택했던 그 시간이 고모를 정치인 최경자로 만들었다고 생각합니다.

고모는 의원직을 내려놓으셨지만, 삶의 태도까지 내려놓지는 않았습니다. 직함이 사라진 뒤에도 지역 주민들과 소통을 이어가셨고, 그동안 쌓아온 경험과 통찰을 또 다른 방식으로 사회에 나누어 오셨습니다.

정치는 '자리'가 아니라 '자세'라는 사실을 늘 삶으로 보여주셨습니다.
정치는 직업이 아닌 책임이라는 사실을 고모를 통해 배웠습니다.

돌이켜보면, 제가 사회와 세계를 바라보는 시선 또한 고모께 영향을 받았습니다. 어린 시절 어깨 너머로 지켜본 고모의 뒷모습은 정치와 공공의 영역을 사명으로 바라보게 했습니다. 이로인해, 훗날 제가 미국 워싱턴DC에서 북한의 인권과 한반도 평화를 연구하는 길을 선택한 데에도 자연스럽게 스며들었습니다.

고모의 자서전을 통해 고모께서 오랜 시간 지켜온 신념이 어떻게 삶이 되고 실천이 되었는지를 분명하게 느낄 수 있었습니다.

또한, 우리가 어떤 사회를 꿈꾸어야 하는지에 대해서도 조용하지만 분명한 메시지를 건네주고 있었습니다.

가족을 대표해서 존경과 사랑하는 마음을 담아 글을 드립니다.

2026년 1월 1일
조카 인규 드림

02
나는 어떤 정치인이
되고 싶었던 것일까

정치를 처음 시작할 때, 나는 한 가지 질문을 스스로에게 던졌다.

"인생의 마지막 날, 나는 어떤 정치인이었다고 말하고 싶을까?"
그 질문은 내 모든 선택과 행동의 기준이 되었다.

권력보다 사람을 택했는가. 말보다 책임을 택했는가. 명예보다
신뢰를 택했는가. 억지로 만든 정책이 아니라 사람의 삶을 움직
이는 정책을 만들었는가.

돌이켜보면, 나는 완벽한 정치인이라기보다 노력하는 정치인
이었다. 그러나, 늘 사람을 기준으로 판단했고 아이의 관점을 잊
지 않으려고 했고 사회에서 가장 조용한 사람의 목소리에 귀 기
울였다.

그것이면 충분하지 않을까.

다리를 놓는 사람 – 더불어 함께할 따뜻한 힘

그것이 정치의 본질이 아닐까.

나는 스스로에게 대답한다.
"그동안 정치를 하면서 부끄럽지 않게 일했다고"

의정대상 시상식

03
정치의 세계에서 지키고 싶었던 것

정치는 종종 사람의 마음을 잃게 만든다.
싸움이 잦고 의심이 많고 비난이 빠르고 속도는 느리고 거짓은
쉽게 유혹한다.

그러나, 나는 어떤 유혹 앞에서도 단 한 가지는 놓치고 싶지 않았다.

사람의 마음.
아이의 마음,
부모의 마음,
교사의 마음,
현장의 마음,
행정의 마음,
정치 속에서 상처받는 사람들의 마음.

정치는 마음을 잃는 순간 방향도 잃는다.
나는 길을 걸으면서 마음이라는 나침반을 가장 오래, 가장 단단
하게 붙잡아 왔다.

다리를 놓는 사람 – 더불어 함께할 따뜻한 힘

04

나는 왜 다시
정치의 길로 가려고 하는가

정치는 어렵다. 상처를 남긴다.
그러나, 나는 다시 그 길을 가려고 한다.
세상은 불완전하지만 바꿀 수 있다고 생각하기 때문이다.

아이들이 더 안전해질 수 있다.
학교 현장의 선생님이 더 행복해질 수 있다.
부모가 더 든든해질 수 있다.
지역이 더 살아날 수 있다.
경기도가 더 미래로 갈 수 있다.
우리 사회가 더 따뜻해질 수 있다.
이 모든 가능성은 정치가 제대로 작동할 때 실현된다.
나는 그 가능성을 믿는다.

나는 가능성을 손으로 붙잡아 본 경험이 있다.
나는 다시 길 위로 나서려 한다.

05
다음 세대에게 보내는 편지

이제 나는 다음 세대의 눈을 바라본다.

학교에서 만난 아이들,
현장에서 손을 잡아준 학생들,
눈물로 고민을 전하던 청소년들.

그 아이들에게
다음과 같이 내 마음을 전하고 싶다.

<다음 세대에게 보내는 편지>

사랑하는 아이들아,
너희는 이 세상의 미래가 아니라 현재다.
너희가 웃으면 세상이 밝아지고,
너희가 아프면 세상이 멈춘다.
어른들이 너희에게

다리를 놓는 사람 – 더불어 함께할 따뜻한 힘

언제나 완벽한 세상을 물려줄 수는 없겠지만
나는 약속한다.
너희가 더 안전하고, 더 자유롭고, 더 행복하고
더 성장할 수 있는 세상을 만들기 위해
나는 끝까지 노력할 거라고.

때로는 세상이 너희에게 너무 빠르게 달려들지도 모른다.
기술이 너희보다 앞서가고, 관계가 너희를 아프게 하고
경쟁이 너희를 흔들 때도 있을 것이다.
그러나 잊지 말아라.

너희는
그 어떤 기술보다 더 큰 존재이고
그 어떤 속도보다 더 소중한 존재이며
그 어떤 경쟁보다 더 강한 존재다.

세상은 너희가 살아갈 자리다.
그 자리를 더 좋게 만드는 일은
너희만의 몫이 아니라

우리 어른들의 책임이다.
언제든 힘들면 말해라.
세상과 싸우지 말고
혼자 감당하지 말고

부탁하고, 기대고, 도움을 요청해라.

우리는 반드시 너희 편에 서 있을 것이다.
너희가 살아갈 세상을 지켜주고, 돕고,
밝히는 사람이 되기 위해

나는 오늘도 정치의 길을 걷는다.
사랑하는 너희에게 단단한 마음으로 쓴다.

"너희는 존재만으로 빛난다.
너희들 세상은 반드시 더 좋아질 것이다."

다리를 놓는 사람 – 더불어 함께할 따뜻한 힘

에필로그

길은 끝나지 않았다

정치는 내게 많은 것을 주었다.

사람을 깊이 이해하는 법
고통을 헤아리는 능력
구조를 읽는 눈
갈등을 견디는 힘
책임을 끝까지 지는 자세
신뢰를 잃지 않는 용기

정치는
나에게서 많은 것을 빼앗아 가기도 했다.

편한 밤을 빼앗고
내 시간을 빼앗고
내 가족에게 미안함을 남기고
자주 상처받게 하고

때때로 흔들리게 하고
스스로를 의심하게 만들기도 했다.

그러나,
내게서 빼앗아 간 것보다
나에게 남긴 것이 더 많다.

사람을 생각하는 마음.
세상을 바꾸고자 하는 의지.
내가 살아가는 이유.
한 번도 배신하지 않은 신념.

내게 정치는 잠시 걸었던 지나간 경험이 아니다.
내가 숨 쉬고 있는 동안 사람을 향해 서고 사람 곁에 서는

평생의 길이다. 길은 끝나지 않았다.
나는 아직 배울 것이 많고, 해야 할 일이 많고,
사람들을 위해 지켜야 할 것들이 많다.

정치의 여정은 힘들지만
나는 그 길을 다시 가려고 한다.

사람을 위해, 아이를 위해, 다음 세대를 위해.

이것이 내가 다시 길을 선택하는 이유이다.

부록 1

[현장에서 바라본 최경자]

이 책은 혼자만의 기록이 아닙니다.

최경자 님의 여정을 응원하며
함께 걷는 이들의 글입니다.

부록 2

01

사람에서 다시 시작하는 정치

사람을 지키겠다는 약속 하나로

어느 날, 깊은 상처로 흔들리던 한 사람의 곁에 조용히 다가와 손을 잡아준 이가 있었다. 그 절망의 순간을 희망으로 바꾸어낸 주체는 다름 아닌 최경자 의원이었다. 압도적인 권위 앞에서도 그는 다윗처럼 단단히 서서 약자를 지켜냈다. 작은 묘목 하나를 끝까지 보호하듯, 한 사람을 다시 일으켜 세운 그 따뜻한 개입은 오래도록 마음을 밝히는 빛이 되었다.

최경자 의원의 정치는 언제나 '사람'에서 출발한다.
사람의 마음을 읽지 못하는 정치, 사람의 숨결을 놓치는 행정은 결국 어떤 변화도 만들어내지 못한다는 사실을 그는 현장에서 직접 확인하며 걸어왔다. 구호나 수사보다 그는 늘 한 사람의 표정, 작은 목소리, 무심히 지나칠 수 있는 마음에 귀 기울였다. 정치는 본래 사람의 기대에서 시작되어야 한다는 믿음이 그의 선택을 일관되게 이끌어왔다. 정치가 냉혹해 보이는 순간에도 그가 포기하

다리를 놓는 사람 - 더불어 함께할 따뜻한 힘

지 않았던 이유는 명확했다.

'사람과 사회를 지키겠다는 약속'

그 약속은 흔들리는 손을 다시 붙잡게 하고, 절박한 마음을 떠받치는 힘이 되었으며, 그의 정치적 의지를 조용히, 그러나 굳건하게 다져왔다.

그리하여 그의 작은 체구는 오히려 더 크고 단단한 정치의 상징처럼 빛났다.

진심·정의·실행·실용의 정치철학

최경자 의원은 정치의 방향을 판단할 때 다섯 가지 원칙을 세운다.

첫째, 사람 중심.
사람을 잃는 정치는 판단도, 방향도 잃는다.

둘째, 진심과 정의.
진심이 없는 말은 오래가지 못하며, 정의가 빠진 결정은 미래를 해친다.

셋째, 실행 중심.
정치는 생각이 아니라 실천으로 증명되며, 약속이 아니라 결과가 정치의 실력이다.

넷째, 합리와 실용.
구호보다 실효성, 이상보다 현실의 변화를 우선해야 한다.

다섯째, 책임·봉사·기대에 대한 보답.
정치는 누군가의 하루와 미래가 걸려 있는 자리이며, 그 기대에 부끄럽지 않아야 한다.

그의 행보를 가까이에서 지켜보면, 이 다섯 가지 기준이 단순한 선언이 아니라 삶 전체에 깊게 뿌리내린 철학임을 알 수 있다.
사람에서 시작해, 진심으로 움직이고, 실행으로 증명하며, 실용에서 벗어나지 않고, 책임 앞에서는 더욱 정직해지는 정치.
그것이 최경자 의원이 일관되게 지켜온 정치의 좌표였다.

또한, 그는 이 **모든 가치의 기반으로 교육을 중요하게 여겼다.**
교육은 삶을 단숨에 바꾸어놓는 거대한 힘은 아닐지라도,
사람의 가능성에 향을 더하고, 공동체의 품격을 높이며,
우리 미래의 선택지를 넓혀주는 조용하고 깊은 동력이라는 점을 잘 알고 있었다.

사람 중심 정치와 교육이 열어갈 미래

최경자 의원이 그리고 있는 미래는 단순한 제도 개편이나 정책 조정의 차원을 넘는다. 그것은 사람을 중심축으로 두고, 진심과 정의를 원칙으로 삼으며, 실행과 실용을 통해 공동체의 삶을 실

질적으로 변화시키는 정치다.

그 미래의 정치인은
사람을 먼저 바라보고,
사람의 목소리로 판단하며,
사람의 기대를 지키기 위해 행동한다.

그 미래의 공동체는
고통 앞에서 외면하지 않고,
변화를 말하는 데서 그치지 않고,
실천하며 나아가는 힘을 갖게 된다.

그 미래의 교육은
삶을 더 깊게 하고, 선택을 단단히 하며,
내일을 넓혀주는 확실한 비전이 될 것이다.

정치는 결국 사람이 걷는 길 위에 세워진다.
그 길 위에서 최경자 의원은 여전히 한 가지 다짐을 품고 있다.

나와 너와 우리-사람을 먼저 보겠다.
진심을 지키겠다.
실행으로 증명하겠다.
합리와 실용에서 벗어나지 않겠다.
기대와 신뢰에 보답하겠다.

이 다섯 가지 약속이 그의 길을 지탱해왔고, 앞으로도 흔들림 없이 지켜나갈 것이다. 그 발걸음을 지켜보며, 우리는 함께 열어갈 새로운 미래를 조용히 기대하게 된다.

맑고 깊게 영그는 가을
영도

다리를 놓는 사람 – 더불어 함께할 따뜻한 힘

02
사람과 교육, 미래를 고민하는 분

이 책은 지역에서 정치를 한다는 것이 무엇인지, 사람을 중심에 둔 행정이 어떻게 가능한지를 차분히 보여준다. 제도와 성과를 앞세우기보다 현장의 목소리를 먼저 듣는 정치의 과정과 함께, 교육·청소년·복지 등 삶의 가장 가까운 문제들을 외면하지 않고 마주해 온 한 개인의 성장이 담겨 있다.

10년 전, 아무것도 앞이 보이지 않던 상황에서 아이들이 마음껏 배우고 꿈꿀 수 있는 공간인 꿈이룸학교(몽실학교)를 만들고 싶다며 찾아갔을 때, 당시 의정부시의회 의장이었던 최경자 의장님은 아이들을 위한 일이라면 반드시 필요하다고 말하며 주저 없이 먼저 발로 뛰고 길을 열어 주셨다.

그때 만난 작가는 책에서 전하는 모습 그대로, 아동,청소년들을 위한 일이라면 말보다 실천이 먼저인 고마운 어른이었다. 공감과 책임으로 문제를 대하고, 다음 세대를 위한 투자가 결국 지역의 미래로 이어진다는 신념은 이 책 전반을 관통한다.

이 책은 한 정치인의 기록이면서 동시에 지역을 살아가는 사람들의 이야기이기도 하다. 사람과 교육, 그리고 미래를 함께 고민하는 이들에게 꼭 권하고 싶은 책이다.

몽실학교 솔방울

　다리를 놓는 사람 - 더불어 함께할 따뜻한 힘

03
사람과 지역사회를 살리는 작은 이들의 벗

우리에게는 따뜻한 이웃이 필요합니다

성경에 보면 예루살렘에 양문(Sheep Gate)이라 불리는 성문이 있었는데, 이 문은 성전에 속죄 제물로 드릴 양들을 인도하는 통문이었습니다. 그 부근에 베데스다라는 연못이 있고, 그 연못가에 행각(정자 비슷한 것) 다섯이 있었습니다. 그 행각에 사람들이 옹기종기 모여 있었는데, 그들은 병자들, 시각장애인, 지체장애인, 혈기 마른 자 … 등 이었습니다. 한 마디로 난치병, 불치병 환자들이었습니다.

베데스다 연못가에 모여 있는 병자들은 한 마디로 '절망의 사람들'입니다. 그들은 아마 유명하다는 병원, 용하다는 의사 다 찾아다녀 봤을 겁니다. 그리고 좋다는 약은 다 써봤을 겁니다. 그러나 별 효험이 없었습니다.

더 이상 인간의 의술로는 가망이 없는 사람들입니다. 그들에게 베데스다 연못가는 마지막으로 실오라기 같은 한 가닥 소망을 붙잡을 수 있는 곳이었습니다.

그곳에 옛 전설이 있었는데, " ... 물의 동함을 기다리니 이는 천사가 가끔 못에 내려와 물을 동하게 하는데 동한 후에 먼저 들어가는 자는 어떤 병에 걸렸든지 낫게 됨이러라" 그 연못은 가끔 물이 솟아오르는데, 천사가 내려와서 목욕을 하는 것이라고 전해지고 있었습니다. 그때 누구든지 물 속에 뛰어 들어가면 무슨 병이든 고침을 받는다는 겁니다. 그건 아마도 미신이 아니었을까 생각됩니다.

요즘 우리의 상식으로 보면 간헐천(Intermittent Spring, 이따금 물이 솟아오르는 온천)이 아닌가도 생각됩니다. 혹 그 온천수 때문에 병을 고친 사람이 있었는지 모르지만, 당시 상황으로 추측컨대 물이 솟아오르는 것도 드문 일이고, 그런다 할지라도 불치병 환자를 고치는 치유의 역사가 나타날지는 미지수입니다. 더욱 황당한 것은 단 한 명만 고침 받는다는 겁니다. 마치 로또 복권 맞기를 기대하는 것과 같습니다.

그들을 더욱 비참하게 만드는 것이 또 하나 있었습니다. 세상에서 밀리고 밀려 막장과도 같은 그곳에 온 사람들인데, 거기서도 자기들끼리 경쟁을 벌여야 된다는 사실입니다. 동병상련이라는 말처럼 같은 처지끼리 서로 위로하고 격려해야 마땅한데, 살벌한 경쟁을 벌이며 서로를 경계해야 됩니다.

다리를 놓는 사람 – 더불어 함께할 따뜻한 힘

그것도 '헛된 소망'을 위해서 말입니다. 베데스다라는 이름이 무색합니다.

베데스다라는 말은 히브리어로 '자비의 집'(House of Mercy)이란 뜻이건만, 자비는커녕 살벌한 경쟁만 난무하는 곳입니다.

그 중에 38년 된 병자가 있었습니다. 38년 된 병자는 바닥 인생들이 모인 그 틈바구니에서도 밀려버린 꼴찌 인생이었습니다. 해보나마나 그는 항상 꼴찌입니다. 38년 동안 병을 앓고 누워있으니 혹시 물이 동한들 어찌 1등을 할 수 있겠습니까? 옆에서 그를 도와줄 사람도 없습니다. 긴 병에 효자 없다고 아마 가족이나 친지들도 이제는 다 떠나버리고 없었던 것입니다.

그래서 그의 마음 속에는 부정적인 생각으로 가득했을 겁니다. 체념과 자포자기, 원망과 한탄, 그리고 다른 사람을 향한 미움과 저주로 가득했을 겁니다. 예수님은 그에게 다가가셨고, 그를 고쳐주셨습니다. 따뜻한 이웃이 되어 주셨습니다. 그는 오랜 세월 누워 있던 자리를 들고 걸어갑니다. 놀라운 일이었습니다.

1인 가구가 늘어나고 서로가 바쁘게 살아가느라 이웃이 누구인지도 모르는 것은 고사하고 가족끼리 얼굴 한번 보기가 어려운 시대에 살고 있는 것이 우리의 현실이 되어 버렸습니다. 우리에게 이웃이 없어져 버렸습니다.

제가 알고 있고 지난 30여 년 넘게 만나본 최경자 의원은 위의 38년 병자에게 이웃이 되어 주셨던 예수님을 본받으려 작은 이들의 벗이 되어 주신 분입니다. 우리 사회가 다들 어렵다고 하지만 특별히 가난하고 홀로되어 가족과 떨어져 있는 어르신들, 아이들 키우느라 하루하루 치열하게 세상을 살아가는 학부모님들, 미래에 대한 비전이 사라진 시대를 살아가고 있는 아이들과 청소년들, 장애라는 차별이 여전히 존재하는 시대를 살아가고 있는 장애인 당사자들과 그 가족들은 더더욱 어려운 시절을 보내고 있을 것입니다.

이런 분들에게 필요한 것이 경제적 지원, 민원 해결 등 여러 가지가 있을 것 입니다. 그러나 그 무엇보다도 중요한 것은 '관심'입니다. '이웃과의 관계'입니다. '관심'과 '관계'마저 무너지면 이분들은 살아갈 소망이 없습니다.

이제 최경자 의원이 "다리를 놓는 사람"- '더불어 함께할 따뜻한 힘'이라는 책을 통하여 그동안 말로만이 아니라 사회복지와 교육 현장, 생활 현장에서 일구어 왔던, 실천해왔던 이야기와 함께 만들어갈 우리의 미래에 대해 이야기하고 있습니다.

사람을 살리고, 지역사회를 살리는 따뜻함을 가지신 '작은이들의 벗' 최경자 의원의 삶을 응원하며 좋은 이웃, 착한 이웃이 되어주심에 감사를 드립니다.

아울러 이러한 선한 영향력이 더욱더 민들레 홀씨되어 주위에 많이 퍼져 이 세상이 살만한 세상이라는 말에 조용히 웃음지으며 고개 끄덕이는 이웃들이 많아지기를 소원해봅니다.

　　　　　　　　　　　　　　　배승용 사회복지사

04
명예보다 신뢰를 선택한 정치인

『다리를 놓는 사람』은 지자체 의원 한 명이 어떻게 이렇게 많은 시선을 줄 수 있는지 정치인의 교본과 같은 책이다. 저자의 정치는 언제나 가장 낮은 곳, 가장 아픈 마음에서 시작된다.

말을 연결하는, 말 없는 고통을 먼저 알아보는 감수성(제가 직접 겪어서도 확인된)은 저자의 가장 큰 장점이기도 하다. 정치란 결국 상처를 외면하지 않겠다는 결심에서 시작된다는 것을 이 책에서 보여주고 있다.

저자의 정치는 책상 위에서 만들어진 정치가 아니라, 아이의 배에 닿는 책상 모서리, 위험한 통학로, 아무도 들어주지 않는 민원의 한숨 속에서 만들어지는 삶 속의 정치다. 이 책은 말로 위로하는 정치가 아니라, 삶을 바꾸는 책임의 정치를 선택해 왔다고 말하고 있다.

선당후사로 어쩔 수 없이 잠시 정치를 떠났어도 현장을 떠나지 않았기에 다시 정치를 할 수 있는 온기가 있고, 진심이 있다.

　권력보다 사람을, 명예보다 신뢰를 선택해 온 한 정치인의 고백이 이 책에 담겨 있다.

　"다리를 놓는 정치는 타협의 정치가 아니라 갈등의 양쪽을 모두 바라보고, 그중 아픈 사람을 기준으로 길을 놓는 일이다" 라고 말한다. 반대하는 사람부터 만나고, 구조를 바꾸고, 사람을 놓치지 않으려는 태도는 오늘날의 정치 현실 속에서 저자의 정치철학이 꼭 필요한 이유이기도 하다.

　다음 세대를 향한 이 책에서의 약속은, 그래서 더 믿고 기대하게 만드는 확신이기도 하다. 평범한 시민에게는 "정치가 우리 삶과 이렇게 가까이 있을 수 있구나"라고 '책임지는 어른'의 모습을 다시 떠올리게 한다.

　이 책을 읽고 나면 우리 모두는 다시 생각할 것이다. '정치는 원래 이런 것이 아닐까' 하고

이미소

05
사람과 지역,
미래를 잇는 믿음직한 다리

초등학교 다닐 때,
가끔 집에 오셔서 어머니랑 대화를 나누시던 중년 여성분이 계셨습니다.

아버지께서 다니시던 직장의 동료 부인이셨습니다. 양주에 있는 댁에서 의정부 시내를 나오면 잠시 집에 들르곤 하셨던 것이죠. 손에는 항상 과자 봉지를 들고 오셨습니다. 과자 선물도 좋았지만, 밝은 표정으로 따뜻하게 대해 주셔서 언제 또 오실까 기다렸던 기억이 생생합니다.

우리 남매들은 그분을 '최씨 아주머니'라고 불렀습니다.
딸이 있다는 말은 들었지만 당시에는 최경자 의원이 그분의 따님인 걸 몰랐습니다. 정치에 뛰어들어 선거운동을 하셨을 때 알았으니까요.
내 친구의 똑똑한 딸이라고 아버지께서 말씀해 주시고 나서요.

다리를 놓는 사람 – 더불어 함께할 따뜻한 힘

저자를 보면 자연스레 '최씨 아주머니'의 따스하고 인자하셨던 모습이 떠오릅니다. 하지만, 지역사회의 유권자로 지켜 본 저자는 또 다른 모습을 가지고 계셨습니다.

최 의원님은 열정을 가지고 현장에서 답을 찾는 분입니다.

학생들의 교육을 단지 교육 문제 자체로만 보지 않고 지역사회 공동체와 연결하여 어떻게 풀어가야 할지 답을 알고 계신 분입니다.

경기 북부 지역의 성장 방향에 대해 끊임없이 고민하고 방법을 찾는 분입니다.

사람과 사람, 지역과 지역, 현재와 미래를 잇는 믿음직한 다리가 되실 분입니다.

최 의원님이 앞으로 어떤 길을 가시든 응원하겠습니다.
무엇을 하시든 잘할 거라고 확신하니까요.

정치를 다시 하신다면
'오로지, 현장과 지역민'만 바라보실거라 믿습니다.

박시하 작가

부록 2

Ⅰ. 시기별·분야별 주요 의정활동 요약
(현장 중심 서사 + 정책·조례 중심 기록 통합)

1. 의정부시의회 활동(5·6·7대)
① 제5대 – 정치 입문기 / 생활정치 기반 구축
민주당 최초 여성 비례대표 의원
협치시작 운영위원회 부위원장
회의규칙 개정: 5분 자유발언 제도 도입
부록1
보육·복지·교육 중심 '생활정치' 기반 구축
보육행정 전면 재점검 시정질문(2009.3.31) – 과잉인가·질 저하 문제 제기

② 제6대 – 성평등·교육·청소년 정책 기반 강화
「여성발전기본조례 → 성평등기본조례」 전부개정(2013)
민주시민교육지원 조례 제정
청소년참여위원회, 청소년자치 구조 마련
공공도서관 불균형 시정질문(2012.12.10) → 평생학습·도서관 확충 기반

③ 제7대 – 전반기 의장 경험 및 청소년·교육도시 인프라 확장기
꿈의학교·청소년의회·청소년자치학교 운영 지원
의정부여중 백인토론 최초 개최 지원
청소년문화공동체(비몽사몽, 꿈이룸) 지원
몽실학교 초기 모델 설계·공간 확보 기여
지역현안 해결(안전, 통학로, 돌봄 등) 지속

2. 경기도의회 활동(10대)
현장 교육·정서·미래교육·지역균형 정책을 광역으로 확장한 시기.

① 교육·정서·안전 분야
희귀질환 학생 지원 조례(2021.10.28)

다리를 놓는 사람 – 더불어 함께할 따뜻한 힘

건강장애 학생 교육지원 조례(2022.3.17)
디지털 성범죄(딥페이크) 대응 조례(2023.5.9)

학교폭력·사이버폭력 대응 체계 강화
전문상담교사 배치율 70% 개선 필요성 제기
부록2
폰프리 캠페인 정책 기반 마련

② 미래교육·산업연계 분야
AI·반도체·전기전자 기반 공학특화 학교모델 제안
스마트미래학교 5개교 지정 기여
학교 공간 재구조화 사례: 경의초·병설유치원
회룡초 메이커 스페이스 구축 → 공중파 우수사례

③ 지역균형·교외선 프레임 혁신
교외선을 "교통"에서 "교육·문화·관광·경제·기회 연결의 대동맥"으로 재정의
갈등을 조정하는 협치의 정치 구현

Ⅱ. 주요 조례·정책근거 요약 (통합 정리)

1. 교육·정서·안전
학생정서·심리 지원 강화 조례(가칭) 취지
위기학생 조기발견 시스템 구축
딥페이크·사이버폭력 대응체계 도입
정서 – 관계 – 폭력 – 디지털 통합 대응 전략
회복적 지원체계의 법제화 필요성 제기

2. 청소년·지역·복지
아동·여성 보호 조례(6대) – 지역 최초 취약계층 보호체계
정신건강증진센터 운영 조례
지역건설근로자 우선고용 및 체불임금 방지 조례
대한적십자사 활동 지원 조례

3. 미래교육·산업연계 교육
고교학점제 → 진로·정서·학습 통합 설계 필요성

대학·기업·연구기관 연계 미래학교 모델
AI·반도체·전기·전자·통신 특화 교육과정

4. 지역균형·북부 10개 지역 전략
지역균형 → 기회균형으로의 패러다임 전환
교외선 지역전략 프레임 전환(문화·관광·경제 연계)

Ⅲ. 공식 발언 및 메시지 인용(정제본)
부록1의 인용 + 부록2의 본회의 발언 요약 통합.

1. 교육·정서·폭력 대응 관련
"정치는 아이의 마음을 읽지 못하면 실패한다."
"폭력보다 먼저 외로움을 봐야 한다."
"상담은 단순 기능이 아니라 아이의 안전이다."
"폰프리는 기술의 문제가 아니라 정서의 문제다."
"학교폭력은 관계의 문제이고, 디지털폭력은 구조의 문제다."

2. 지역·미래전략 관련
"교외선은 기회의 지도입니다."
"북부의 문제는 예산이 아니라 프레임입니다."
"교육은 미래산업의 속도보다 더 빨라야 합니다."

3. 협치·갈등조정 관련
"갈등은 정치가 필요한 이유다."
"저는 제 의견을 잠시 내려놓겠습니다. 이제 여러분의 생각을 들려주십시오."
"정치는 누군가를 이기는 기술이 아니라 서로를 잇는 기술이다."

Ⅳ. 연표(Chronology) – 2010~2025 통합
부록1의 의미 연표 + 부록2의 연도·조례 연표를 합쳐 정리했습니다.

1) 2010~2012 — 생활정치 기반 형성기
의정부시의회 5대 입성
보육·복지·교육 중심 생활정치

다리를 놓는 사람 – 더불어 함께할 따뜻한 힘

시정질문(보육·SOC·도서관 등)

2) 2013~2017 — 의정부 6·7대 / 성평등·교육도시 기반 확립기
여성·아동·보육·성평등 조례 정비
평생교육·민주시민교육 조례 확립
청소년자치·꿈의학교·몽실학교 모델 구축

3) 2018~2022 — 도의원 진출 / 교육·안전 정책 광역 확장기
희귀질환·건강장애 지원체계 구축
정서안전·폭력·디지털폭력 대응 정책
학교 공간 재구조화·메이커스페이스 확산

4) 2023~2025 — 미래교육·지역전략 확립기
딥페이크·디지털폭력 대응 조례
팝리스 아카데미, AI·반도체 기반 미래교육
교외선 프레임 혁신

V. 정책 개념도 및 키워드 인덱스

1. 개념도
정서 기반 학교체계 :
상담 → 멘토링 → 관계회복 → 정서안전 → 미래역량

미래교육 체계 :
AI·반도체 공학특화 → 진로·학점제 → 대학·기업 연계

협치 구조 :
행정 – 교육청 – 지자체 – 지역 – 학부모 – 전문가 연결

북부 10개 지역 전략 :
교육특구 → 기회균형 → 교외선 연계 → 문화·산업·지역 회복

2. 키워드
정서안전 / 상담 / 멘토링 / 학교폭력 / 딥페이크 / 사이버폭력 / 폰프리 /미래교육 /
공학특화 / 반도체교육 / 학점제 / 진로교육 / 학생성장 /경기 북부 / 7개 지역 / 교외
선 / 협치 / 갈등관리 / 책임·신뢰·실행 /아이의 관점 / 사람 중심 정치

VI. 참고자료(Reference)

근거 자료(조례 PDF, 본회의록, 언론, 교육청 자료) 목록:
「의원발의 조례안 현황」
「지역건설근로자 우선고용 조례안(2012-39)」
「대한적십자사 지원 조례(2013-73)」
「성평등 기본 조례안(2013-110)」
본회의 발언록(182·206·218회)
경기도교육청·도의회 조례안 다수
디지털 성범죄·건강장애·희귀질환 관련 자료
AI 9대 전략 및 팹리스 아카데미 보도자료
협치예산 관련 뉴스 등

경기도. (2025, April 23). 경기도, AI 9대 전략 · 52개 주요사업 발표⋯ AI 글로벌 생태계 1번지 도약. 경기도뉴스포털.
https://gnews.gg.go.kr/briefing/brief_gongbo_view.do?BS_CODE=s017&number=65686
경기도. (2025, November 7). 경기도, 전국 최초 지자체 주도의 팹리스 아카데미 개소. 경기도뉴스포털.
https://gnews.gg.go.kr/briefing/brief_gongbo_view.do?BS_CODE=s017&number=68334
경기도교육청. (2023, December 21). 맞춤형 디지털 시민교육 진단도구 개발. 보도자료.
https://www.goe.go.kr/goe/na/ntt/selectNttInfo.do?mi=10102&nttSn=1040194
경기도교육청. (2025, March 7). '디지털 역량 교육 주간' 운영—안전하고 책임 있는 디지털 시민으로 성장 지원. 보도자료.
https://www.goe.go.kr/goe/na/ntt/selectNttInfo.do?mi=10102&nttSn=1057377
경기도교육청. (2023, February 15). 2023학년도 건강장애학생 교육지원 계획(안)[PDF].
https://www.goe.go.kr/resource/old/BBSMSTR_000000030069/BBS_202302150521439020.pdf
경기도교육청. (n.d.). 경기도교육청 건강장애학생 교육지원 조례. 국가법령정보센터.
https://www.law.go.kr/ordinInfoP.do?ordinSeq=1441421
경기도교육청. (2016/개정 포함). 경기도교육청 사회적기업 등의 제품 구매촉진에 관한 조례. 국가법령정보센터.
https://www.law.go.kr/LSW/ordinInfoP.do?gubun=KLAW&ordinSeq=1209490
경기도의회. (2019, June 25). 제336회 정례회 5분 자유발언—교외선 운행 재개 촉구(최경자). 의회 웹진 요약.
https://webzine.ggc.go.kr/?p=30669

다리를 놓는 사람 – 더불어 함께할 따뜻한 힘

경기도의회. (2021, August 20). 경기도교육청 희귀질환 학생 지원 조례안 심사보고서.
https://kms.ggc.go.kr/mnts/MntsFileDownLoadProc.do?flSn=69874&mode=apndx
경기도의회. (2021, April 26). 경기도교육청 사회적기업 등의 제품 구매촉진에 관한
조례 일부개정조례안(입법예고).
https://www.ggc.go.kr/site/agendaif/xb/main/lgslt/87515
경기도의회. (2024, September 30). 경기도교육청 디지털 성범죄 예방 및 교육에 관한
조례 일부개정조례안(입법예고).
https://www.ggc.go.kr/site/agendaif/xb/main/lgslt/92352
경기도의회. (2025, February 3). 경기도교육청 디지털 성범죄 예방 및 교육에 관한 조
례 일부개정조례안(입법예고).
https://m.ggc.go.kr/site/agendaif/xb/main/lgslt/92875
법제처. (2024, March 1). 경기도교육청 행정기구 설치 조례(일부개정) 관련 연계 조
문 수록. 국가법령정보

센터.
https://www.law.go.kr/LSW/ordinInfoP.do?ordinSeq=1889113
서울신문. (2025, November 5). 경기도교육청-경기도의회, 2천억 원 규모 협치 예산 합의.

https://m.seoul.co.kr/news/2025/11/05/20251105500122
한국경제. (2025, April 23). 경기도, AI 9대 전략·52개 사업 발표.
https://www.hankyung.com/article/202504230055h

"경기도, AI 9대 전략 · 52개 주요사업 발표… AI 글로벌 생태계 1번지 도약." 경기도
뉴스포털, 23 Apr. 2025.
https://gnews.gg.go.kr/briefing/brief_gongbo_view.do?BS_CODE=s017&number=65686.
Accessed 8 Nov. 2025.
"경기도, 전국 최초 지자체 주도의 팹리스 아카데미 개소." 경기도뉴스포털, 7 Nov.
2025.
https://gnews.gg.go.kr/briefing/brief_gongbo_view.do?BS_CODE=s017&number=68334.
Accessed 8 Nov. 2025.
경기도교육청. "맞춤형 디지털 시민교육 진단도구 개발." 보도자료, 21 Dec. 2023,
https://www.goe.go.kr/goe/na/ntt/selectNttInfo.do?mi=10102&nttSn=1040194.
Accessed 8 Nov. 2025.
"'디지털 역량 교육 주간' 운영—안전하고 책임 있는 디지털 시민으로 성장 지원." 보도자료,
7 Mar. 2025.
https://www.goe.go.kr/goe/na/ntt/selectNttInfo.do?mi=10102&nttSn=1057377.
Accessed 8 Nov. 2025.

2023학년도 건강장애학생 교육지원 계획(안).15 Feb. 2023.
https://www.goe.go.kr/resource/old/BBSMSTR_000000030069/BBS_202302150521439020.pdf.
Accessed 8 Nov. 2025.
경기도교육청 건강장애학생 교육지원 조례. 국가법령정보센터, n.d.
https://www.law.go.kr/ordinInfoP.do?ordinSeq=1441421. Accessed 8 Nov. 2025.
경기도교육청 사회적기업 등의 제품 구매촉진에 관한 조례. 국가법령정보센터, 2016
(with later amendments).
https://www.law.go.kr/LSW/ordinInfoP.do?gubun=KLAW&ordinSeq=1209490.
Accessed 8 Nov. 2025.
경기도의회. "제336회 정례회 5분 자유발언—교외선 운행 재개 촉구(최경자)." 경기
도의회 웹진, 25 June 2019.
https://webzine.ggc.go.kr/?p=30669. Accessed 8 Nov. 2025.
경기도교육청 희귀질환 학생 지원 조례안 심사보고서. 20 Aug. 2021.
https://kms.ggc.go.kr/mnts/MntsFileDownLoadProc.do?flSn=69874&mode=apndx.
Accessed 8 Nov. 2025.
"경기도교육청 사회적기업 등의 제품 구매촉진에 관한 조례 일부개정조례안(입법예
고)." 26 Apr. 2021.
https://www.ggc.go.kr/site/agendaif/xb/main/lgslt/87515. Accessed 8 Nov. 2025.
"경기도교육청 디지털 성범죄 예방 및 교육에 관한 조례 일부개정조례안(입법예고)."
30 Sept. 2024.
https://www.ggc.go.kr/site/agendaif/xb/main/lgslt/92352. Accessed 8 Nov. 2025.
"경기도교육청 디지털 성범죄 예방 및 교육에 관한 조례 일부개정조례안(입법예고)."
3 Feb. 2025.
https://m.ggc.go.kr/site/agendaif/xb/main/lgslt/92875. Accessed 8 Nov. 2025.
법제처. 경기도교육청 행정기구 설치 조례(일부개정).국가법령정보센터, 1 Mar. 2024.
https://www.law.go.kr/LSW/ordinInfoP.do?ordinSeq=1889113. Accessed 8 Nov. 2025.
서울신문. "경기도교육청–경기도의회, 2천억 원 규모 협치 예산 합의." 5 Nov. 2025,
https://m.seoul.co.kr/news/2025/11/05/20251105500122. Accessed 8 Nov. 2025.
한국경제. "경기도, AI 9대 전략·52개 사업 발표." 23 Apr. 2025.
https://www.hankyung.com/article/202504230055h. Accessed 8 Nov. 2025.